TUCHEL
Táctico

ANÁLISIS Y TAREAS DE ENTRENAMIENTO

CARLOS DOMÍNGUEZ

Tuchel táctico / Carlos Domínguez - 1a edición
LIBROFUTBOL.com, 2022.

124 páginas; 15,2 x 22,9 cm.

ISBN 978-987-8943-06-0

1. Fútbol.
CDD 796.334

TUCHEL TÁCTICO
de Carlos Domínguez

Cubierta: Luciano Medvetkin	Foto del autor: © Carlos Domínguez
© 2022– Carlos Domínguez © 2022– LIBROFUTBOL.com	Todos los derechos reservados

ISBN 978-987-8943-06-0	1ª edición: julio 2022

✉ ediciones@librofutbol.com

📞 +54 9 11 2215 1982

📷 librofutbol

Av. del Libertador 6898 – Nuñez – Ciudad de Buenos Aires – Argentina

ÍNDICE

PRÓLOGO

«Un equipo debe ser aplicado, humilde, valiente y persistente. Ahora es mi responsabilidad crear ese ambiente. ¿Cómo? En el campo de entrenamiento, ya que el tiempo que se pasa ahí es el más importante».

Esa frase es una buena carta de presentación. Fueron sus primeras palabras al llegar al Borussia Dortmund, y probablemente sean las que mejor describen a Thomas Tuchel. Se trata de alguien minucioso, trabajador, obsesivo del orden táctico, creativo y con un gran liderazgo. Todo esto es lo que lo ha llevado a catapultar su meteórica carrera profesional como entrenador a los mejores banquillos del mundo, pasando de ser un absoluto desconocido a llegar a la élite en tan solo diez años.

El alemán es uno de los pocos entrenadores en actividad que han conseguido llegar a los equipos más cotizados del mundo sin haber tenido una exitosa trayectoria como jugador profesional. ¿Cómo fue como futbolista? Un modesto central que solamente disputó ocho partidos en Bundesliga 2, en el Stuttgarter Kickers, y poco después terminó su carrera deportiva en el Ulm de la Tercera División, cuando una lesión crónica en el cartílago de una rodilla lo obligó a retirarse con tan solo 24 años.

Prácticamente una especie en peligro de extinción, poco a poco iremos desgranando los entresijos y las armas tácticas que lo han hecho triunfar en tan poco tiempo en este mundo tan complicado, donde solo unos pocos elegidos consiguen llegar a lo más alto. Pero Thomas Tuchel es un elegido.

Paso 1

Ingresar a Google Play o Apple Store y descargar la App lectora de QR.

Paso 2

Instalar y abrir la App en tu dispositivo móvil.

Paso 3

Escanear el código QR para poder acceder al contenido exclusivo.

INICIOS Y TRAYECTORIA

Es importante empezar por el principio y repasar la trayectoria como entrenador de Thomas Tuchel, además de observar, a grandes rasgos, su filosofía y modelo de juego. Estos dos pilares importantes de su vida como entrenador son útiles para entender mejor su riqueza táctica.

Después de su efímera carrera como futbolista, un joven e inquieto Tuchel inició su etapa como técnico en las categorías inferiores del Stuttgart, donde empezó en el equipo sub-14 hasta llegar al sub-19. Es allí donde, en el transcurso de los seis años que permaneció en el club, conoció a su gran mentor y padre futbolístico: Hermann Badstuber.

> *Me siento muy, muy influenciado en el terreno profesional y en el personal por Hermann Badstuber. Era un entrenador con mucho conocimiento, pero que a la vez permitía e impulsaba el pensamiento lateral, cuestionándolo todo diligentemente, lo que le hacía seguir siendo muy modesto*

Después de esta primera andadura, el bávaro continuó su camino en el Augsburgo II (2007-2008) y, poco más tarde, el Mainz 05 sub-19 (2008-2009). En este último ciclo conquistó la

liga ante un Borussia Dortmund plagado de estrellas, que contaba con Mario Götze y otros nombres destacados.

Y lo que a muchos entrenadores les lleva tiempo conseguir o no les llega nunca, Tuchel lo consiguió con tan solo 35 años, cuando tuvo la oportunidad de su vida: estrenarse en la élite. Se encontró en el sitio correcto y en el momento exacto. Al finalizar su exitosa temporada con el conjunto juvenil, el Mainz 05 le puso encima de la mesa la opción de firmar su primer contrato profesional, nada más y nada menos que para dirigir un equipo recién ascendido a la Bundesliga, una de las ligas más potentes del mundo.

Con el carisma y la seguridad que lo caracterizan, aceptó y no defraudó. Fue allí donde se forjó un nombre y una reputación excepcional tras 182 partidos y cinco gloriosas temporadas. Consiguió afianzar al club en el máximo nivel con solvencia e incluso alcanzó una clasificación a la Liga Europa. Debido a su juventud y su capacidad, esto lo convirtió en uno de los entrenadores con mayor proyección en Alemania.

Tras su exitoso paso por el Mainz 05, no tardó en llamar la atención de grandes equipos. Tan es así que el Borussia Dortmund pensó en él para sustituir a Jürgen Klopp, una tarea nada fácil.

En sus dos años allí, logró varios registros destacados. Por un lado, no perdió ningún partido como local en la Bundesliga (con 27 triunfos en 34 encuentros), un dato muy significativo de la fortaleza en la que convirtió al emblemático Signal Iduna Park. Por el otro, sus dirigidos anotaron 21 goles en la fase de grupos de la Liga de Campeones 2016/17, lo que en ese momento era la marca más alta en esa instancia en la historia de la máxima competición continental europea. Por último, Tuchel se despidió levantando la copa alemana en 2017 (su primer título como entrenador) después de vencer al Eintracht de Frankfurt por 2-1. Con ese último encuentro llegó al 70 % de victorias, ya que cerró su ciclo con 68 triunfos, 23 empates y 17 derrotas.

Con estos impresionantes números no pasó inadvertido y dio un salto más grande y aún más vertiginoso en su carrera profesional. Su siguiente paso fue el todopoderoso PSG, que confió en él para ser el técnico que consiguiera la primera y ansiada Liga de Campeones.

En esta etapa debió enfrentarse a algo nuevo y apartado de lo puramente táctico: tener en un mismo vestuario a tantas estrellas juntas, sobre todo a Kylian Mbappé y Neymar Jr. Esto no era nada

fácil de manejar y, sumado al fuerte carácter de Tuchel, no terminó de salir del todo bien, hubo desaires públicos por sustituciones y alguna que otra cuestión a la gestión de vestuario del alemán.

En lo estrictamente deportivo, no todo fue tormentos. El conjunto parisino logró un comienzo idílico: selló el mejor inicio en la historia de la Ligue 1, con un pleno de victorias en sus primeros nueve partidos. Sin embargo, las cosas se complicaron a partir de ahí. Y es que un club diseñado para ganar absolutamente todo cayó eliminado en los cuartos de la Copa de la Liga contra el modesto Guingamp por 2-1, así como también fue eliminado en cuartos de final de la Liga de Campeones contra el Manchester United. Esta derrota fue muy dolorosa, ya que sufrió una remontada en su casa después de haber ganado por 2-0 en la ida. Además, en esa temporada perdió la Copa de Francia contra el Stade Rennais en la tanda de penaltis. La campaña resultó en un fracaso que quedó maquillado por la conquista de la liga de una manera muy holgada, sacándole 16 puntos al Lille.

Ante la mala temporada y los aparentes conflictos dentro del vestuario, todo parecía destinado a un divorcio entre el club y el entrenador. Pero la directiva cerró los rumores de ruptura demostrando su confianza en el proyecto del alemán con una renovación de contrato por un año más.

La temporada 19/20 fue totalmente diferente. No solo por vivir el año más difícil en la historia del fútbol por la pandemia, sino que a nivel de resultados el escenario cambió. El conjunto de Tuchel ganó a nivel nacional la Ligue 1, la Copa de la Liga y la Copa de Francia. En la máxima competición continental, que sufrió un cambio de formato con los cuartos de final y la semifinal a partido único y se disputó en Lisboa, el PSG estuvo a punto de lograr el ansiado sueño de ganar su primera Orejona. Derrotó al Atalanta en cuartos, al sorprendente Leipzig de su compatriota Julian Nagelsmann en semifinales y perdió la final por 1-0 contra el Bayern de Múnich. Aunque fue un duro golpe, ese trayecto encumbró al bávaro como uno de los entrenadores *top* del panorama internacional.

Los fantasmas del pasado volvieron a aparecer en la campaña siguiente, en la que el inicio en la Ligue 1 fue muy irregular. Las discrepancias con la directiva y el director deportivo, Leonardo, por algunas decisiones en la planificación, lo llevaron a la rampa de salida.

Seis meses después de estar a punto de tocar la gloria en Lisboa, el PSG cesó a Tuchel, que dejó al equipo clasificado para los octavos de la Liga de Campeones y en tercer lugar en la Ligue 1.

Así lo vivió el bávaro, como aseguró en Sky Alemania: "Fue muy sorprendente. Me acuerdo que fue el 22 de diciembre cuando sentía qué iba a ocurrir desde la primera hora de la tarde. Tuve una conversación con el director deportivo. Sentía que podían despedirme, pero no me lo creía. Le habíamos ganado 4-0 al Estrasburgo. Recogimos nuestras cosas de París y volvimos a casa para celebrar la Navidad. A nivel de trabajo pasé una Navidad de mierda, pero encontré el mejor regalo en el árbol con el Chelsea".

Quién le iba a decir a Tuchel que tan solo un mes después de su dura e inesperada salida del PSG le llegaría la que es, hasta ahora, su página más gloriosa como entrenador del deporte rey: su etapa en el Chelsea.

Lo contrataron para sustituir a un mito del club londinense como Frank Lampard, quien no consiguió un buen inicio de temporada con los *blues*, que marchaban en la novena posición (con ocho triunfos, cinco igualdades y seis derrotas). El bávaro firmó por un año y, en un período de seis meses, le cambió la imagen al equipo inglés, perfeccionando un vistoso sistema de cinco defensas. Fue capaz de retomar el vuelo en la Liga Premier, logrando una notable cuarta plaza, el codiciado último puesto que asegura la clasificación a la Liga de Campeones .

También consiguió el subcampeonato en la FA Cup. Luego de un muy buen triunfo en semifinales sobre el Manchester City, se quedó a un paso del título al perder en el emblemático Wembley ante el Leicester City por 1-0.

Pero lo que quedará en el recuerdo de la temporada 20/21 del Chelsea de Tuchel fue la consecución de la Liga de Campeones. El conjunto *blue* superó las eliminatorias a partir del trabajo de estudio del técnico alemán, que se doctoró tácticamente frente a los ojos de todo el panorama internacional, y de la ejecución de los jugadores.

El camino de los londinenses fue memorable, con un inicio contundente contra el Atlético de Diego Simeone, al que le ganaron ambos partidos (1-0 y 2-0). Luego eliminaron al Oporto, con un triunfo en la ida (2-0) que les permitió avanzar a pesar de la caída en la vuelta (1-0). Y en semifinales vencieron al Real

Madrid de Zinedine Zidane en una serie en la que maravillaron en el partido en España aun sin ganar (1-1) y sellaron su pase a la definición con claridad en Stamford Bridge (2-0). Esto convirtió a Tuchel en el primer entrenador en la historia en disputar la final en dos ediciones consecutivas con dos clubes distintos.

Para eso volvió a Portugal. Un año después y con el mismo objetivo: proclamarse campeón de Europa, esta vez ante el Manchester City de Pep Guardiola. Tal y como sucedió en las eliminatorias anteriores, en una noche mágica, el bávaro consiguió imponer su pizarra y ganar la gran final, con un solitario gol de Kai Havertz en el minuto 42.

Presente y futuro de los banquillos internacionales, Thomas Tuchel escribió su página más gloriosa y llegó a la cima continental con apenas seis meses en el Chelsea. Así vivió la conquista: "Es un fantástico logro. Nos esperábamos un equipo muy fuerte y sabíamos que íbamos a tener que estar a un gran nivel para poder imponernos. Había ganado a niveles menores, pero no sabía cómo era esta sensación. Ahora es tiempo de celebrar y luego ir a por el siguiente éxito, a por el siguiente título".

ESQUEMAS HABITUALES DE THOMAS TUCHEL

1-4-2-3-1

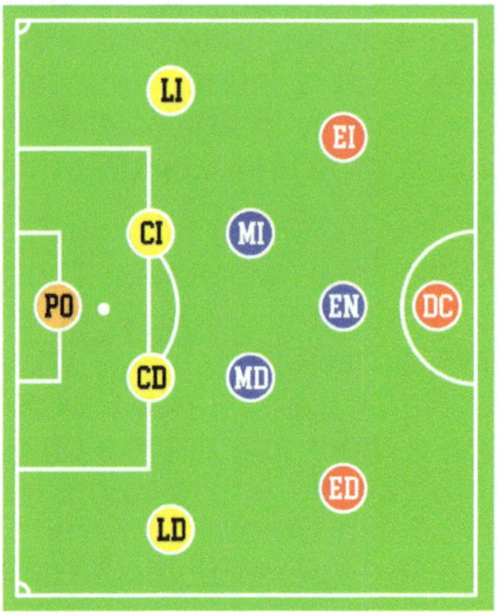

1-3-4-2-1

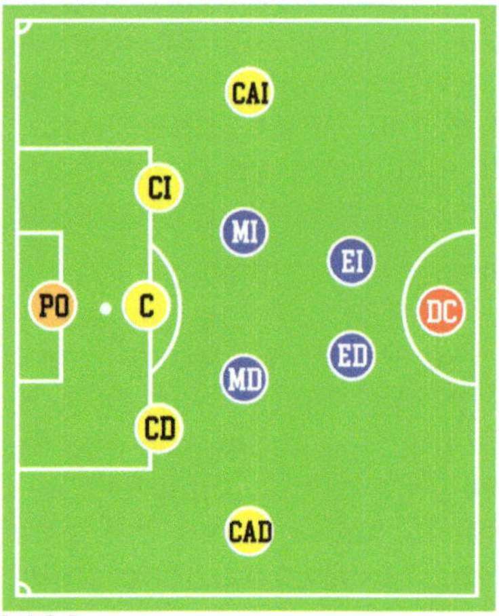

1-4-1-4-1

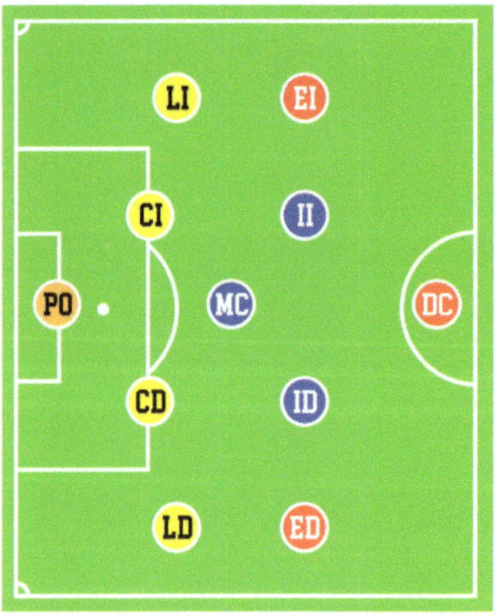

1-4-3-3

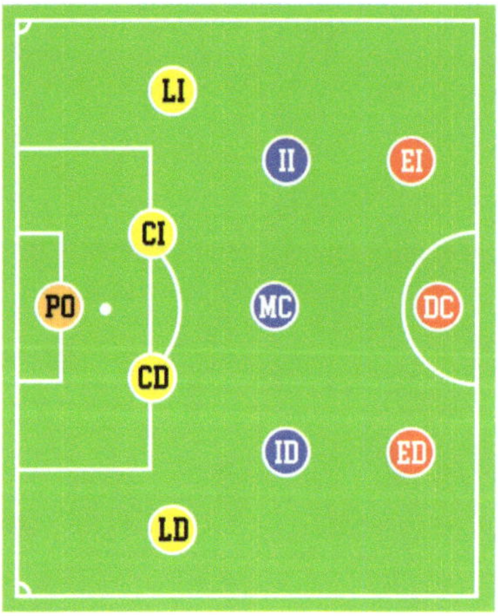

PO PORTERO — **LI** LATERAL IZQUIERDO — **CI** CENTRAL IZQUIERDO — **CAI** CARRILERO IZQUIERDO — **C** CENTRAL — **CD** CENTRAL DERECHO

LD LATERAL DERECHO — **CAD** CARRILERO DERECHO — **II** INTERIOR IZQUIERDO — **MI** MEDIOCENTRO IZQUIERDO — **EI** ENLACE IZQUIERDO — **MC** MEDIOCENTRO

EN ENLACE — **ED** ENLACE DERECHO — **MD** MEDIOCENTRO DERECHO — **ID** INTERIOR DERECHO

EI EXTREMO IZQUIERDO — **DC** DELANTERO CENTRO — **ED** EXTREMO DERECHO

SISTEMAS DE JUEGO

Analizada la excelente trayectoria de Tuchel, es momento de entrar en la parte táctica, en su pizarra y su evolución. La primera conclusión que surge es que nos encontramos delante de un entrenador muy adaptativo, que no se cierra a un sistema de juego concreto. De hecho, con base en las plantillas en las que ha estado lo ha ido variando y modificando.

Otro punto a destacar es la capacidad de análisis y estudio de los rivales que tiene el alemán. Cada esquema varía según el oponente que tenga enfrente: no deja nada al azar y tampoco antepone el sistema a todo. Es por ello que busca encajar estas dos condiciones, al conjunto propio y al adversario, para dar con la estructura idónea.

Su evolución táctica no se entiende sin repasar cronológicamente todos los sistemas que ha utilizado en los últimos años. Aunque todos mantienen una seña de identidad y el sello de Tuchel, tienen unas variaciones importantes en determinadas fases del juego. Así que a continuación veremos los esquemas que más ha utilizado.

Hay que empezar por el 1-4-2-3-1 (Imagen 1), el primer sistema de juego que desarrolló en sus inicios como entrenador, tanto en el Mainz 05 como en el Dortmund. Muchas veces lo alternó con el 1-4-1-4-1 (Imagen 2).

Conservando muchos puntos del estilo de su antecesor, Jürgen Klopp, Tuchel consiguió implantar en el equipo amarillo una versión de más control y menos verticalidad, aunque no renunció a ella. Uno de sus rasgos consistía en acumular una gran cantidad de jugadores en los pasillos interiores cerca del área rival y, sobre

todo en momentos en los que no se puede entrar por adentro, potenciar la subida de los laterales.

Imagen 1

Imagen 2

En su llegada al PSG, Tuchel cambió totalmente su sistema habitual en los años previos. Al contar con futbolistas verticales y una potencia atacante demoledora, apostó por un ofensivo 1-4-3-3 (Imagen 3). También lo intercaló con otras variantes, con el 1-4-4-2 como la más destacada, aunque en París dejó más huella con la primera opción.

Ese 1-4-3-3 se caracterizaba por la libertad en ataque de los dos extremos, Neymar y Mbappé, que tenían una tendencia a recibir por adentro y crear muchos espacios por los carriles para las subidas de los laterales. El mediocentro también tenía una especial importancia, en especial a la hora de la recuperación, para liberar a los dos interiores para la fase de creación.

Imagen 3

En su última etapa fue en la que el alemán encontró quizás el sistema que más éxito le ha dado y por el cual será recordado, al crear un modelo a su imagen y semejanza y darle una seña de identidad y unos patrones muy característicos. Es un esquema que había utilizado en ciclos anteriores, aunque sin mucha continuidad. Pero en el Chelsea se encontró con el ecosistema y la plantilla ideal para desarrollar un 1-3-4-2-1 (imágenes 4 y 5) que tiene su sello.

Gracias a esta distribución, el equipo está equilibrado en ambas partes del campo, manteniendo una mayor estabilidad entre la zona de ataque y la de defensa. Con una línea de tres centrales contundentes; unos carrileros que tienen una vocación ofensiva, pero que son generosos y comprometidos en el repliegue; una línea física y con calidad en el mediocampo y extremos rápidos

y habilidosos ha conseguido armar uno de los equipos más fiables que se recuerdan en los últimos años. Es toda una delicia observar y analizar este engranaje, con un fantástico 1-3-4-2-1 que sin duda estará en alza en los próximos años.

Imagen 4

Imagen 5

EL LIBRETO DE TUCHEL

ATAQUE ORGANIZADO

FASE DE INICIO

Principios básicos:

Estilo de la salida de balón.

Los equipos de Tuchel buscan combinar desde atrás, pero también tienen trabajados mecanismos para iniciar con un juego directo cuando se ven forzados a ello por el rival.

Zonas por donde realiza la fase de inicio.

Siempre intentan que el primer pase sea por adentro, en muchas ocasiones para buscar atraer la presión y liberar zonas exteriores.

Jugadores clave.

Los centrales, los mediocentros, los carrileros y el portero.

Nivel de riesgo que asumen en la fase de inicio.

Asumen un riesgo moderado al intentar que la salida siempre sea en corto y con el apoyo del portero en muchas ocasiones.

Altura de los laterales.

Se posicionan arriba en la mayoría de situaciones de salida del balón.

Movilidad en la fase de inicio.

Los equipos de Tuchel se muestran muy dinámicos y con mucha movilidad, sobre todo en la figura de sus mediocentros, que dan apoyos constantes.

En esta primera fase, el entrenador alemán dota a sus conjuntos de varios patrones y registros para iniciar el juego desde atrás, generando muchas alternativas. A Tuchel le gusta que la salida de balón sea combinativa, asumiendo algunos riesgos y priorizando las progresiones en corto. Esta es la faceta a la que el técnico alemán más tiempo le dedica, y no es extraño que sus centrales sean de los futbolistas con más pases en la liga. Sus equipos intentan generar superioridades numéricas para avanzar desde atrás, lo que en el Chelsea se ha asegurado al utilizar tres centrales (con los dos externos como apoyos en amplitud y el del medio como encargado de comenzar el proceso).

En esta primera fase veremos la importancia de las superioridades que busca el bávaro en todas las situaciones con la pelota. La suma del portero, los centrales, los mediocentros y la interpretación de los carrileros para bajar su altura y dar apoyo permite encontrar, en la mayoría de las situaciones, mecanismos para tener una salida en corto.

La lectura de los carrileros es fundamental, ya que cobran mucho protagonismo para ayudar en esta fase del juego. Lo hacen al recibir en corto de los centrales, cuando estos no encuentran caminos a través de la zona central o al proponer una solución en largo para adoptar una salida directa. Estas acciones suelen suceder cuando el adversario plantea un bloque alto.

Uno de los patrones por los que se distinguen los equipos de Tuchel es por la importancia del portero a la hora de ofrecer un apoyo más en el inicio y crear una superioridad, sobre todo cuando el rival ejerce una buena presión. Es frecuente ver que el guardameta interviene en numerosas ocasiones con los pies, siendo un jugador más y una alternativa real ante situaciones en las que los centrales no encuentran compañeros cercanos para superar las líneas de presión rival.

LA IMPORTANCIA DEL PORTERO

Imagen 6

En la Imagen 6 podemos contemplar una presión del Atlético de Madrid de tres contra cuatro en un bloque alto. En estas situaciones es donde más claramente se puede ver la importancia de la figura del portero para crear una superioridad, siendo un jugador más en la salida de balón de su equipo. El guardameta, Édouard Mendy (16), recibe del central, Kurt Zouma (15), que juega con él ante la imposibilidad de conectarse con los dos mediocentros, y tiene el apoyo de los centrales en amplitud para minimizar los riesgos del pase en caso de pérdida. En este caso, decide jugar con el central izquierdo, Antonio Rüdiger (2), quien ya puede encontrar una progresión limpia por su carril.

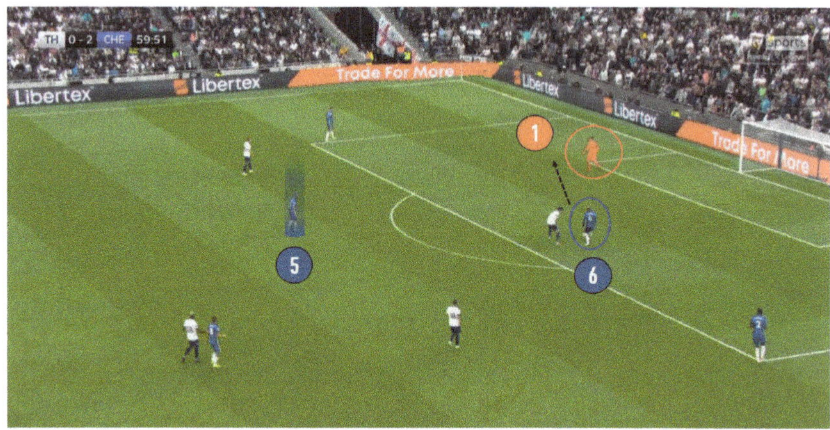

Imagen 7

En los equipos de Tuchel, el portero es un jugador más en la fase de inicio y se comporta de forma proactiva para ofrecerse como una opción, incluso en situaciones "antinaturales" para la concepción que se tiene normalmente de esta posición. La Imagen 7 muestra un claro ejemplo en el que el guardameta, Kepa Arrizabalaga (1), se adelanta para darle un apoyo necesario al central, Thiago Silva (6), quien no tiene una línea de pase libre hacia el mediocentro derecho, Jorginho (5). Así, se consigue una superioridad ante la presión del Tottenham y el español le envía el balón al mediocampista libre.

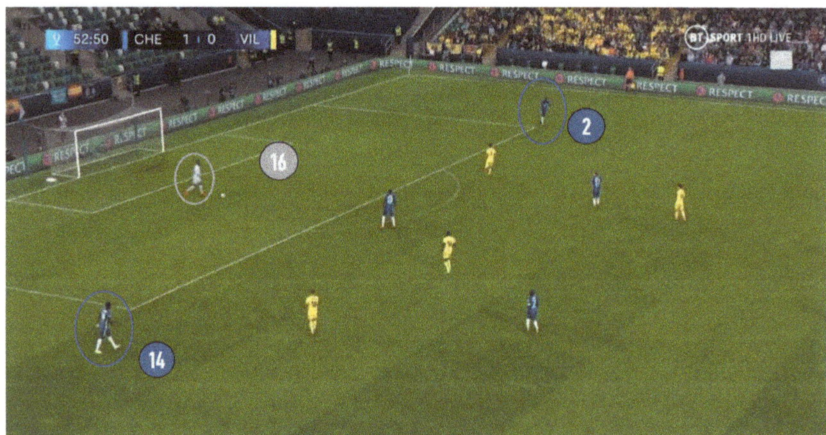

Imagen 8

En la Imagen 8 volvemos a observar el constante apoyo de los jugadores exteriores de la línea de tres cuando el balón se retrasa hasta el guardameta. se ofrecen como apoyos en amplitud para superar la primera línea de la presión en un bloque alto del rival. Cuando recibe, el portero, Édouard Mendy (16), tanto el central derecho, Trevoh Chalobah (14), como el izquierdo, Antonio Rüdiger (2), enseguida se ofrecen como un apoyo en amplitud para ser dos opciones de salida para superar la presión en un bloque alto del Villarreal.

Imagen 9

La continuación de la jugada muestra una variante muy interesante de la salida en corto del portero con los centrales. Como el rival va con su bloque muy arriba y los mediocentros del Chelsea ayudan a fijar a la primera línea del Villarreal, los carriles exteriores quedan liberados. Es por situaciones como esta que los laterales de los conjuntos de Tuchel se proyectan rápidamente al ataque para castigar este tipo de comportamientos.

En la Imagen 9 vemos cómo el guardameta, Édouard Mendy (16), no puede concretar ningún envío con los centrales y decide buscar en largo al lateral izquierdo, Marcos Alonso (3), que se sitúa casi en la línea del medio campo. Se trata de una alternativa de juego directo en la fase de inicio ante la presión alta del adversario.

Imagen 10

Esta situación es similar a la anterior: el conjunto de Tuchel vuelve a ser sometido a una efectiva presión en un bloque alto y el portero, Mendy (16), recurre a la alternativa del juego en largo para buscar el apoyo de un carrilero. En este caso es el derecho, César Azpilicueta (28), que interpreta muy bien la acción y baja su altura para ofrecerse sin marca en el intervalo entre la primera y la segunda línea del oponente.

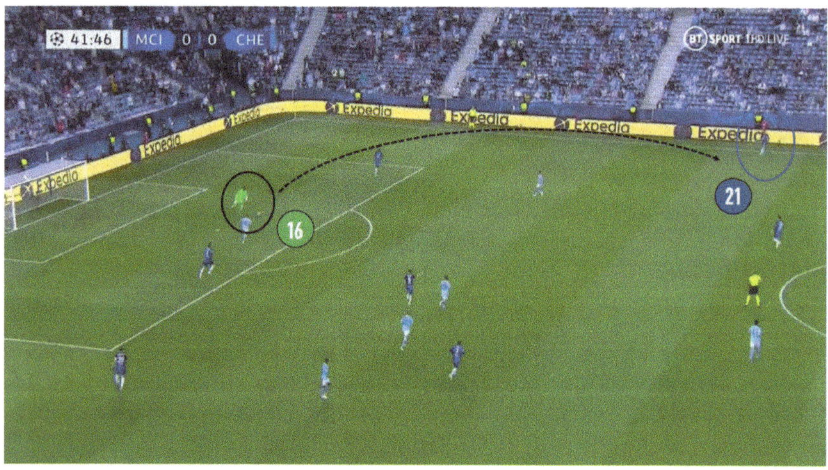

Imagen 11

El último ejemplo de la importancia del portero en la salida de balón de los conjuntos dirigidos por Tuchel es seguramente el más emblemático, en la que probablemente sea la jugada más importante en la carrera del entrenador alemán. La Imagen 11 muestra el inicio de la jugada del gol en la final de la Liga de Campeones de su Chelsea frente al Manchester City de Pep Guardiola, que se da desde su propia área: el guardameta, Édouard Mendy (16), juega hacia el carrilero izquierdo, Ben Chilwell (21), quien está prácticamente a la altura del medio campo y recibe detrás de la primera línea de presión, lo que resulta clave para la posterior finalización a cargo del delantero centro, Kai Havertz.

ATRACCIÓN DEL RIVAL Y SUPERIORIDAD CON LOS CENTRALES

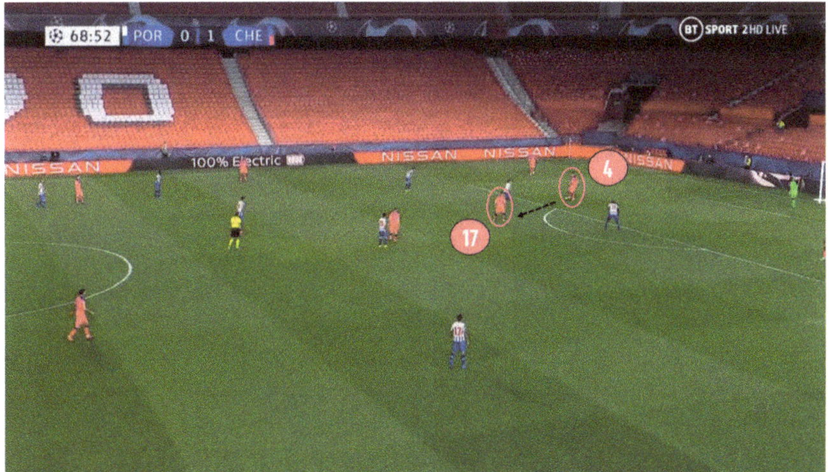

Imagen 12

En la Imagen 12 podemos ver una de las salidas de balón más frecuentes que buscan los conjuntos de Tuchel. Intervienen las dos piezas fundamentales en esta fase del juego: el futbolista que ocupa el centro de la línea de tres —el encargado de esa primera toma de decisión— y un mediocampista que se descuelga para buscar una línea de pase entre los atacantes que ejercen la presión sobre la defensa. Apreciamos cómo el central, Andreas Christensen (4), es el encargado de dar ese pase inicial y cómo se conecta con el apoyo del mediocentro izquierdo, Mateo Kovačić (17), que se ofrece a la espalda de los atacantes del adversario y, una vez que recibe, progresa hacia la zona de creación.

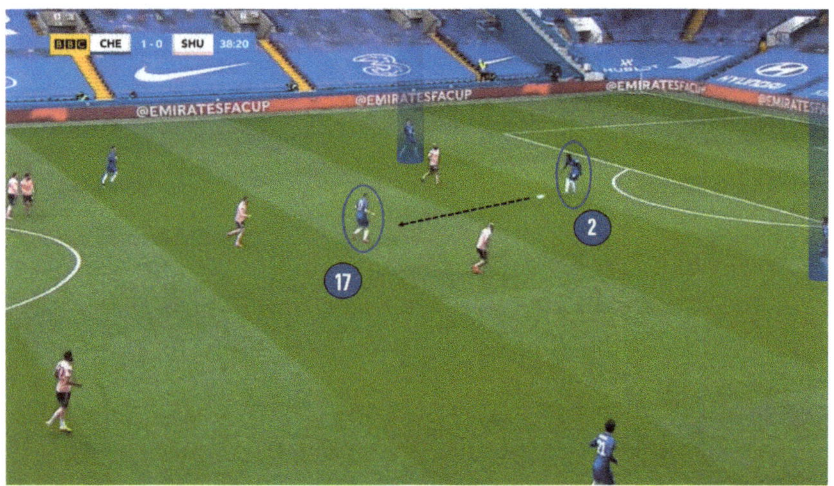

Imagen 13

La riqueza de las salidas de balón de los conjuntos de Tuchel es muy notoria, ya que en todo momento los jugadores tienen varias alternativas de pase en la fase de inicio. Por eso, cobra una gran importancia la interpretación que realizan los centrales, los carrileros y los mediocampistas para contar siempre con una superioridad y con los apoyos apropiados en cada situación.

Esto hace que exploten al máximo su versión más combinativa. En la imagen 13 vemos cómo el central, Antonio Rüdiger (2), vuelve a ubicar al mediocentro izquierdo, Mateo Kovačić (17), que retrocede para ofrecer una línea de pase. Aun así, el alemán también disponía de dos alternativas cercanas más, gracias al apoyo en amplitud de los otros dos zagueros.

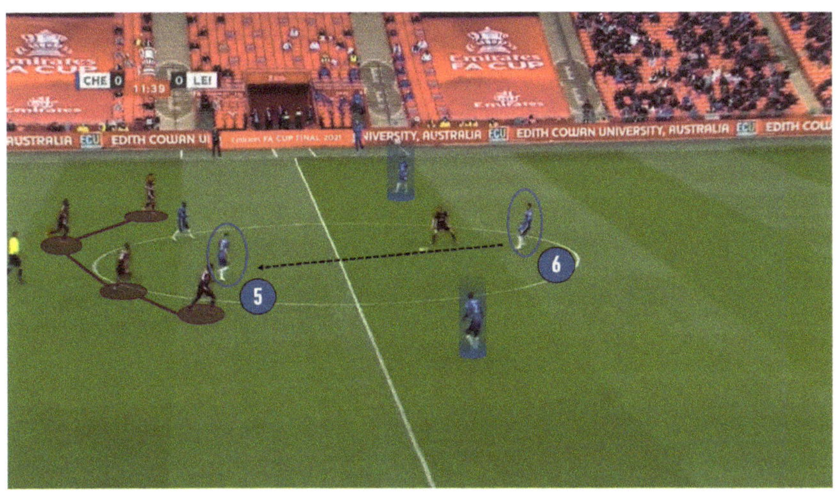

Imagen 14

Los equipos del técnico bávaro también se enfrentan a adversarios que plantean un bloque medio y no uno alto, aunque eso no modifica en exceso sus mecanismos. Como prioridad mantienen la búsqueda de esa recepción de un mediocentro a espaldas de la primera línea de presión.

Esta se puede convertir en una manera de fijar marcas de los contrarios cercanos para liberar las zonas exteriores, donde se da la proyección de los carrileros y aparecen los extremos, entrelíneas y en los intervalos entre rivales. En la acción de la Imagen 14 vemos cómo el mediocentro izquierdo, Jorginho (5), está por recibir el balón y atraer la presión del oponente, el Leicester, creando un gran espacio para la aparición de otros compañeros. El central, Thiago Silva (6), vuelve a tener tres opciones cercanas para iniciar la jugada.

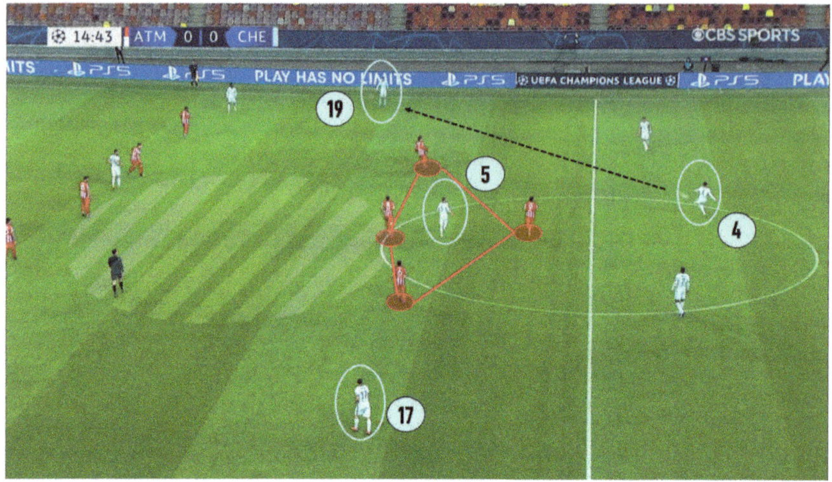

Imagen 15

La Imagen 15 refleja mejor esos espacios que buscan aprovechar los conjuntos de Tuchel. El mediocentro derecho, Jorginho (5), busca dar una salida por adentro, fijando a los primeros defensores del Atlético de Madrid. Esto genera un hueco a su espalda que aprovecha el extremo derecho, Mason Mount (19) para aparecer en amplitud y ofrecer una línea de pase limpia por afuera. Como siempre, el encargado de dar ese primer envío es el central, que en este caso es Andreas Christensen (4). También es para destacar la movilidad del mediocentro izquierdo, Mateo Kovačić (17), que no se muestra en corto y está en movimiento para crear zonas libres o dar apoyo.

ALTURA DE LOS CARRILEROS

Hasta ahora hemos visto algún ejemplo de cómo los carrileros son utilizados en los equipos de Tuchel en momentos en los que no se ve ninguna salida en corto y se los busca en largo, pero estos jugadores también son activos importantes para progresar en corto.

Imagen 16

Como hemos comentado, el posicionamiento inicial de los carrileros en los conjuntos de Tuchel es avanzado, en muchas ocasiones casi en la línea del medio campo. Pero el técnico bávaro sabe darles herramientas a sus dirigidos para que desarrollen una extraordinaria capacidad de interpretación en cada fase del juego. Es por ello que los futbolistas que ocupan estos puestos saben interpretar a la perfección cuándo subir o bajar en el terreno.

Un ejemplo está en la imagen 16, en una acción en la que el carrilero izquierdo, Marcos Alonso (3), lee la situación y se descuelga de su posición para darle apoyo al central izquierdo, Antonio Rüdiger (2), ante una presión en un bloque alto.

Imagen 17

También es una solución recurrente ante equipos que defienden en un bloque medio. En este caso, vemos una acción en la que la zona central del campo está muy bien cubierta por la primera línea defensiva rival, imposibilitando el habitual pase entre un central y un mediocentro. Es por ello que el lateral derecho, Reece James (24), ajusta su posicionamiento inicial y acude a dar una salida por la zona exterior para recibir del central derecho, César Azpilicueta (28).

APOYO DE UN MEDIOCAMPISTA A UN CARRILERO

Imagen 18

Una parte importante de la estructura ofensiva de los equipos de Tuchel reside en el dinamismo y la gran movilidad de los mediocampistas, quienes continuamente dan apoyos por las zonas exteriores en la fase de inicio. La Imagen 18 muestra otra salida con un pase del central derecho, César Azpilicueta (28), para el carrilero derecho, Reece James (24), que es una opción en corto. Al recibir, el inglés tiene una línea de pase con el mediocentro derecho, N'Golo Kanté (7), que bascula hacia esa banda para ayudar. Este movimiento es importante para la creación de las superioridades que buscan los conjuntos del técnico alemán en todas sus fases con el balón.

Imagen 19

En la Imagen 19 nos encontramos con los mismos tres protagonistas del ejemplo anterior, pero en otro partido. El centro derecho, Azpilicueta (28), abre a la banda para el carrilero derecho, James (24), y el mediocentro derecho, Kanté (7), va rápidamente a dar apoyo. Igualmente, la reacción del rival hace que en esta acción el inglés decida volver a jugar con el español.

FASE DE CREACIÓN

Principios básicos:

Estilo de creación de juego.

Mixto. En esta fase del juego se empiezan a ver más acciones en las que los conjuntos de Tuchel buscan ser más directos y verticales.

Zonas por donde realiza la fase de creación.

Los mediocampistas buscan zonas exteriores, logrando superioridades con los extremos y los carrileros en amplitud.

Jugadores clave.

Los carrileros, los mediocentros y los extremos.

Movilidad mostrada en la fase de creación.

Son equipos muy dinámicos en la fase de creación. Suelen utilizar cambios de orientación y para ello necesitan una movilidad continua.

Progresiones con los centrales.

Es recurrente que los equipos de Tuchel utilicen este recurso, con una conducción de uno de los centrales para saltar líneas del rival.

Cierre con tres atrás en la fase de creación.

Los conjuntos del técnico alemán utilizan muchos efectivos en la fase ofensiva, pero siempre dejan tres jugadores atrás como protección. Pueden ser tres centrales o que esa función quede para un mediocentro. Todos los demás futbolistas participan activamente del ataque.

La fase de creación de los equipos de Tuchel suele variar de acuerdo con el rival, el sistema defensivo que tenga enfrente y el momento del partido. Hay una evolución con respecto al inicio de las jugadas, etapa en la que generalmente no tienen prisa. Al contrario, en esta segunda instancia de su estrategia ofensiva intentan darle una mayor velocidad y verticalidad a su juego. Los conjuntos dirigidos por el técnico bávaro disponen de mecanismos para adoptar un estilo directo con situaciones en las que los laterales y los extremos buscan ganarle la espalda a la defensa contraria con desmarques de ruptura. El delantero centro siempre trata de estirar, fijando a los centrales para que los compañeros puedan aparecer en los espacios creados.

Como hemos visto en los principios básicos, el entrenador alemán dota de recursos a sus dirigidos para poder desarrollar tanto una propuesta vertical como una combinativa. Esta última variante se destaca por los continuos cambios de orientación llevados a cabo por los mediocentros hacia sectores exteriores, donde cumplen un papel fundamental los carrileros y los extremos para crear superioridades por afuera y llegar a la zona de finalización lo antes posible. Estas situaciones se generan cuando el adversario espera en un bloque medio o bajo.

Otro patrón consolidado se relaciona con la propia progresión en conducción de uno de los centrales para saltar esa primera línea de presión del oponente, aprovechando muchas veces las ventajas numéricas generadas desde atrás y la confusión en el rival de quién debe salir.

JUEGO DIRECTO CON CARRILEROS

Imagen 20

Una de las principales variantes de ese juego directo es hacia los costados para buscar a los carrileros en una situación relativamente básica. En la Imagen 20 vemos cómo el central, Christensen (4), lanza directamente en largo directamente ante la defensa adelantada del contrario, el Oporto. Su envío está dirigido al carrilero derecho, James (24), que encuentra esa superioridad en la banda gracias al apoyo del extremo y dispone de un dos contra uno.

Imagen 21

Es tal la altura y la libertad de estos jugadores en la fase ofensiva que incluso han generado un recurso inusual: un lanzamiento en largo de un central para un carrilero a la espalda de los defensas rivales. Al percutir en profundidad, esta acción se puede convertir directamente en una de finalización. En la Imagen 21 observamos cómo el carrilero izquierdo, Marcos Alonso (3), aparece desde la segunda línea con un desmarque a espaldas de la última línea adversaria, que se ve sorprendida. El zaguero encargado de la salida de balón, que en este caso es Thiago Silva (6), siempre está muy atento a los movimientos por delante para intentar aprovecharlos.

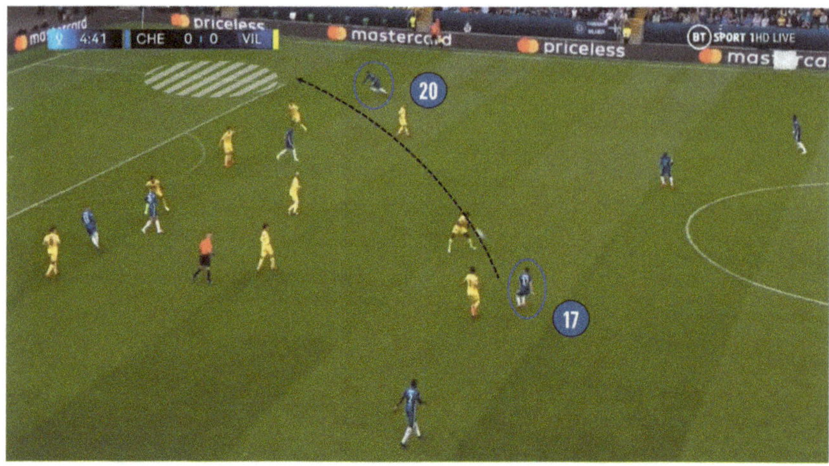

Imagen 22

Se trata de un recurso que incluso se utiliza ante defensas en un bloque bajo, como refleja la Imagen 22. Los mediocentros son los canalizadores del balón en estas situaciones en la fase de creación y siempre están atentos a esos posibles desmarques de los laterales. En esta acción, el encargado de filtrar ese pase en largo es el mediocentro izquierdo, Mateo Kovačić (17), el jugador más importante para Tuchel en este momento del juego. El carrilero que realiza el movimiento es el derecho, Callum Hudson-Odoi (20).

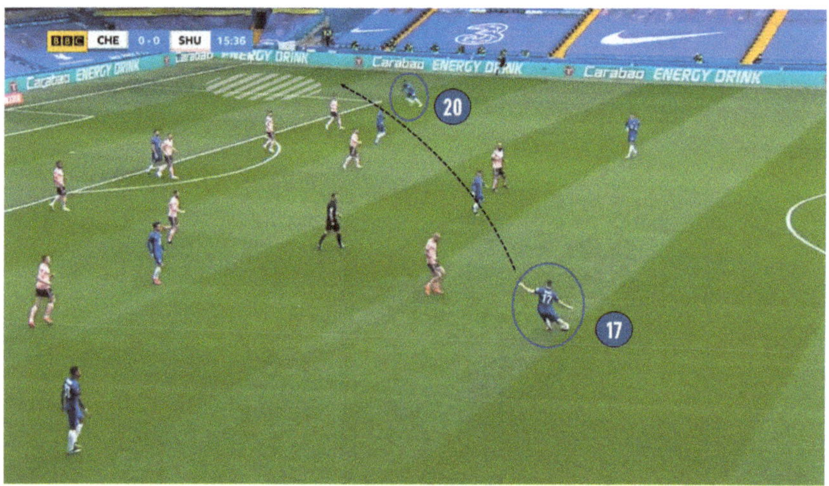

Imagen 23

En la Imagen 23 podemos observar un calco de la jugada anterior: el rival está defendiendo en un bloque bajo y participan los mismos protagonistas. El carrilero derecho, Hudson-Odoi (20), se desmarca a espaldas de la defensa y el mediocentro izquierdo, Kovačić (17), filtra un magnífico pase en largo.

LIBERTAD DE UN CENTRAL

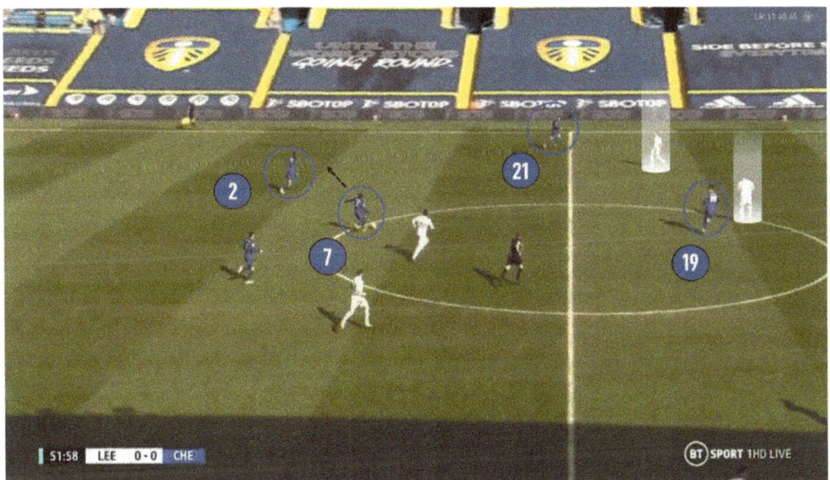

Imagen 24

Otro patrón destacado de los equipos de Tuchel es la libertad de sus centrales para progresar con el balón y saltar líneas ante situaciones propicias para ello. La Imagen 24 muestra un pase del mediocentro derecho, N'Golo Kanté (7), para el central izquierdo, Antonio Rüdiger (2), en una acción que en ocasiones genera confusión en las defensas contrarias. Observamos cómo el Leeds United de Marcelo Bielsa está presionando con dos delanteros y el Chelsea dispone de superioridad para salir con

el balón desde atrás. El conjunto dirigido por el argentino realiza vigilancias y está pendiente de cubrir las posibles recepciones del carrilero izquierdo, Ben Chilwell (21), y del enganche, Mason Mount (19), que va a dar un apoyo en corto.

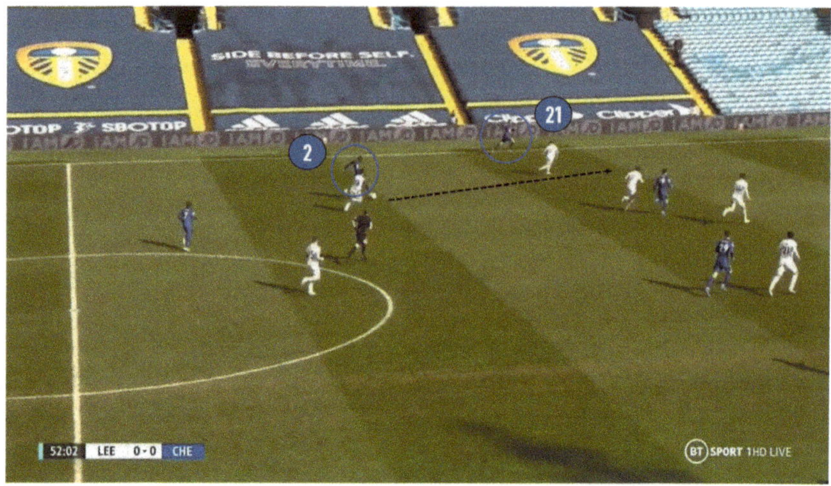

Imagen 25

Esta situación genera que Rüdiger (2) pueda avanzar metros con el balón sin ninguna oposición, gracias a que sus compañeros están fijando las marcas del Leeds United. Como ningún rival le sale, el alemán ingresa en campo contrario y, como se puede ver en la Imagen 25, busca habilitar a Chilwell (21) al espacio desde una posición muy adelantada.

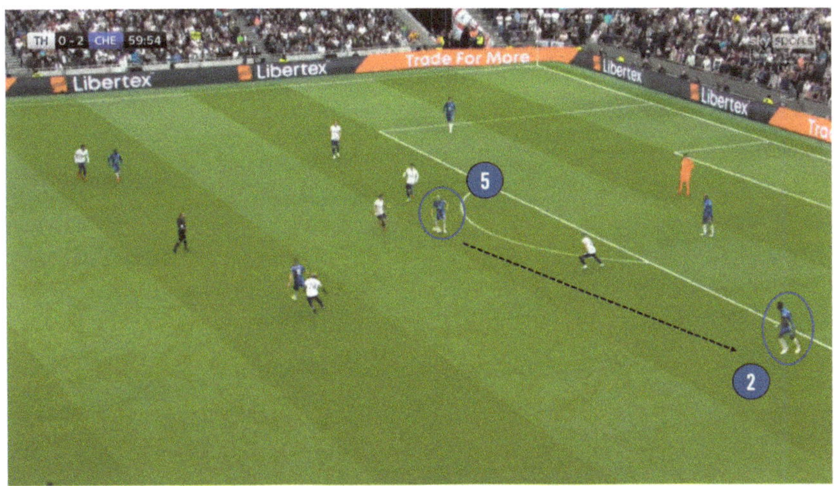

Imagen 26

Este es otro claro ejemplo de la libertad que poseen los centrales en este tipo de acciones, en las que con una simple conducción son capaces de llegar a zonas avanzadas para finalizar la jugada. En la Imagen 26, el mediocentro derecho, Jorginho (5), encuentra libre al central izquierdo, Antonio Rüdiger (2).

Imagen 27

Como refleja la Imagen 27, la progresión en conducción de Rüdiger (2) es de área a área. Entre los jugadores dirigidos por Tuchel, el alemán seguramente es uno de los mejor dotados para llevar a cabo estas acciones, debido a su potencia y su buen trato de balón.

Cuando llega a la zona tres del campo, el central en conducción suele tener hasta tres opciones de pase para finalizar, como se ve en la Imagen 27. A la vez, esos compañeros le han facilitado la maniobra al fijar a los defensas rivales.

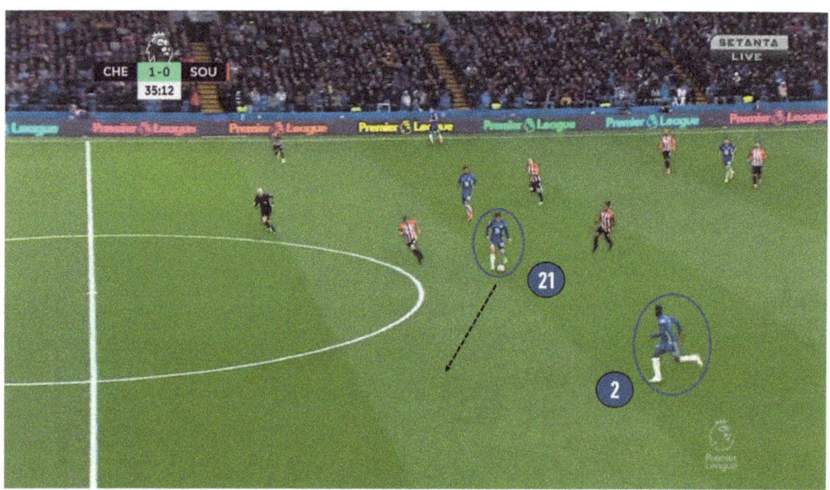

Imagen 28

No hay mejor jugada que esta para finalizar los ejemplos de este patrón de juego. Con tres simples pases, el equipo de Tuchel es capaz de pasar de un saque de banda a favor en campo propio, que el Southampton está presionando en un bloque alto, a imprimir una velocidad endiablada y aprovechar la incorporación de un zaguero liberado. El protagonista nuevamente es Rüdiger (2), el central izquierdo, que recibe en la zona dos del lateral izquierdo, Ben Chilwell (21), después de un rápido cambio de orientación (que representan un aspecto importante en la fase de creación, como veremos).

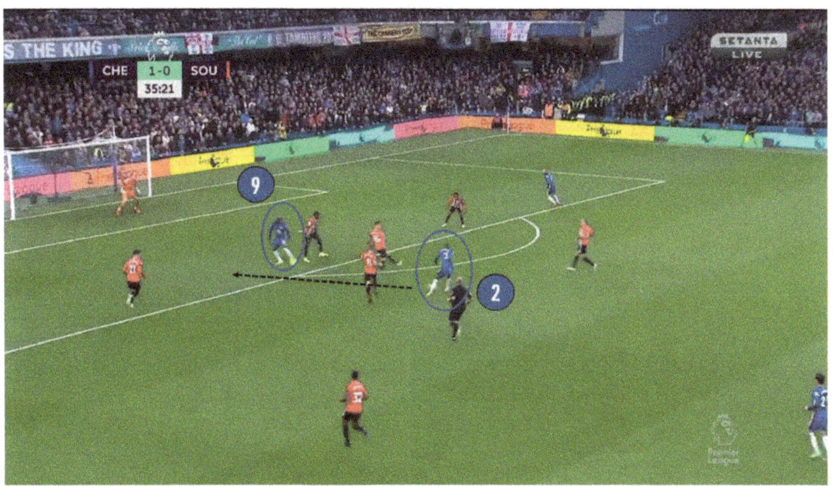

Imagen 29

Rüdiger (2) muestra su capacidad para recorrer muchos metros con el balón, regatea al único defensor adversario que le sale al paso y se planta en la frontal del área. Allí, como observamos en la Imagen 29, es capaz de filtrar el balón al espacio para el delantero centro, Romelu Lukaku (9), quien convierte con una gran definición. Esta acción es un reflejo de la verticalidad que caracteriza a los conjuntos de Thomas Tuchel y un buen ejemplo del dominio de las interpretaciones y de los roles que debe asumir cada jugador en todo momento, algo que el entrenador alemán sabe inculcar.

CAMBIOS DE ORIENTACIÓN

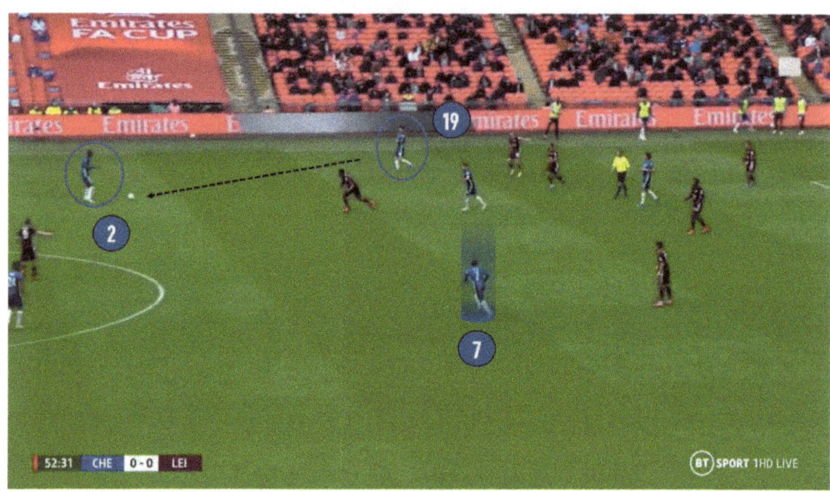

Imagen 30

Ante defensas organizadas en un bloque medio-bajo, los equipos de Tuchel lo tienen claro: cargan su juego por las bandas, pueblan bien esas zonas y buscan superioridades para poder progresar y finalizar. Para ello, sus conjuntos les imprimen velocidad a sus ataques y si no pueden encontrar la situación adecuada en un costado, no dudan en mover rápido el esférico hacia el otro lado. Esto se basa en el dinamismo y la movilidad de todos los futbolistas ofensivos que participan en la creación.

En la secuencia que comienza en la Imagen 30 vemos la importancia de los cambios de orientación, que son continuos en los partidos de los equipos del técnico bávaro cuando el adversario está bien organizado en su sistema defensivo y cierra las zonas exteriores. En esta ocasión, es el extremo izquierdo, Mason Mount (19), el que decide retrasar el balón hacia el central izquierdo, Antonio Rüdiger (2), ante la imposibilidad de poder combinar por esa banda. Rápidamente se activa uno de los mediocampistas para dar apoyo y mover el juego hacia el otro costado. Es el mediocentro derecho, N'Golo Kanté (7), el que va a darle salida al defensor alemán para ir rápidamente al otro sector.

Imagen 31

En la Imagen 31 apreciamos cómo hasta seis jugadores del oponente, el Leicester, están obligados a bascular rápidamente hacia el otro costado. Con cambios de lado continuos, lo que buscan los equipos de Tuchel es provocar desajustes y desorganizar el bloque defensivo del rival para encontrar superioridades en la banda opuesta y poder profundizar. En la continuidad de la acción, Kanté (7) abre para el carrilero derecho, César Azpilicueta (28), que está abierto.

Imagen 32

Son muchos los encuentros en los que los equipos del técnico alemán se enfrentan a adversarios que deciden defender en un bloque bajo. Estos escenarios los obligan a utilizar los cambios de orientación constantes como un recurso habitual, en busca del más mínimo detalle que puedan aprovechar para poder penetrar en la zona de finalización. En la Imagen 32, el central derecho, Cesar Azpilicueta (28), decide retrasar para el mediocentro izquierdo, Jorginho (5), que le da un apoyo.

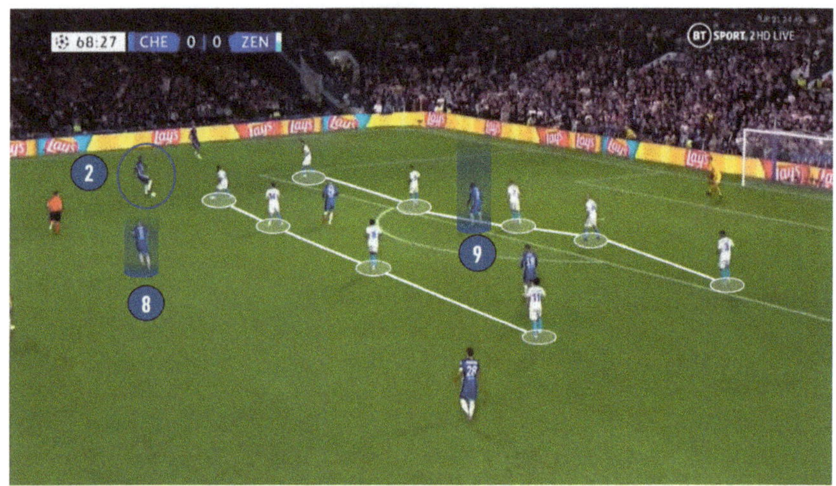

Imagen 33

El equipo de Tuchel cambia totalmente la orientación del juego hacia el otro lado, en busca de una superioridad que en esta ocasión no se presenta por el buen hacer del rival, que defiende con nueve jugadores más el portero prácticamente en su área. En la Imagen 33 podemos ver cómo el central izquierdo, Antonio Rüdiger (2), vuelve a jugar con el mediocentro que va a ayudar, que en este caso es el derecho, Mateo Kovačić (8), quien nuevamente apunta a cambiar de orientación. En estas situaciones es muy importante la función del delantero centro, Romelu Lukaku (9), para fijar a los centrales. Esto sirve como un recurso cuando los conjuntos de Tuchel son incapaces de encontrar el ecosistema propicio para atacar por las zonas exteriores.

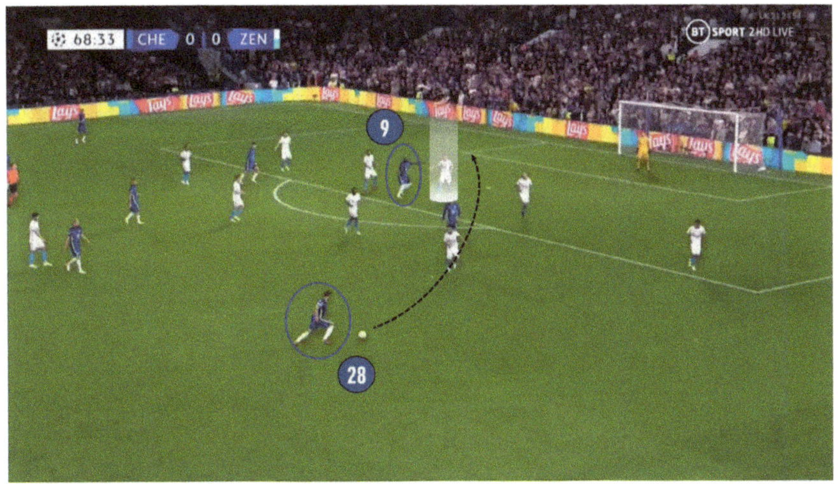

Imagen 34

Al realizar otro cambio de juego se produce uno de esos pequeños desajustes que parecen insignificantes, pero que no pasan inadvertidos para los equipos de Thomas Tuchel, que saben aprovecharlos. En la Imagen 32, el zaguero encargado de cubrir a Lukaku (9) está perfectamente situado a su espalda, controlándolo en todo momento. Pero poco tiempo después, tras el segundo giro del balón, en la Imagen 34 vemos que el Chelsea consigue ese pequeño fallo en la marca, ya que el central contrario pierde por unos segundos la referencia del belga al tener que perfilarse hacia el otro lado. César Azpilicueta (28) no duda y pone un magnífico centro para que Lukaku (9) consiga convertir con un gran cabezazo.

Es todo un ejemplo de cuánto importan los pequeños detalles y de cómo el técnico alemán lo sabe y no duda en aprovecharlos.

SUPERIORIDADES Y TRIÁNGULOS POR AFUERA

Imagen 35

El ecosistema perfecto de los equipos de Tuchel para superar defensas organizadas en un bloque medio o bajo incluye más aspectos y particularidades. Una parte importante está en su posicionamiento y cómo intentan buscar superioridades por afuera a través de estructuras triangulares y de la fijación de los oponentes lejanos por parte del delantero centro y el carrilero opuesto.

En la Imagen 35 podemos observar claramente esta distribución con un concepto de formar triángulos que está muy trabajado y sirve para intentar generar y aprovechar ventajas por afuera. En estas acciones, la libertad de roles es muy marcada y la variación de los jugadores que participan es absoluta. Los mediocampistas, los extremos y los carrileros se distribuyen a la perfección como poseedor, apoyo y referencia: en esta jugada, el carrilero izquierdo, Ben Chilwell (21), el delantero derecho, Timo Werner (11), y el interior izquierdo, Mateo Kovačić (8), cumplen respectivamente esas funciones.

Además, en el área rival está la colaboración indirecta del delantero centro, Romelu Lukaku (9), y el carrilero derecho, César Azpilicueta (28). Ellos dos se encargan de fijar a la defensa, liberando espacios, y están preparados para aparecer en la fase de finalización.

Imagen 36

La Imagen 36 muestra la misma disposición, pero con una variación en la combinación de jugadores que forman el triángulo: el carrilero izquierdo, Marcos Alonso (3), el extremo izquierdo, Mason Mount (19), y el extremo derecho, Kai Havertz (29). Esto ejemplifica la libertad para moverse que tienen los extremos durante la fase de creación. En este caso, podemos observar el espacio que se genera entre la referencia del triángulo, Havertz (29), y el delantero centro, Romelu Lukaku (9), que está encargado de fijar a los centrales y puede ser una solución en estas situaciones. Otra vez, el carrilero derecho, Reece James (24), se encuentra bien alto para buscar un remate o para estar dispuesto para un posible cambio de orientación.

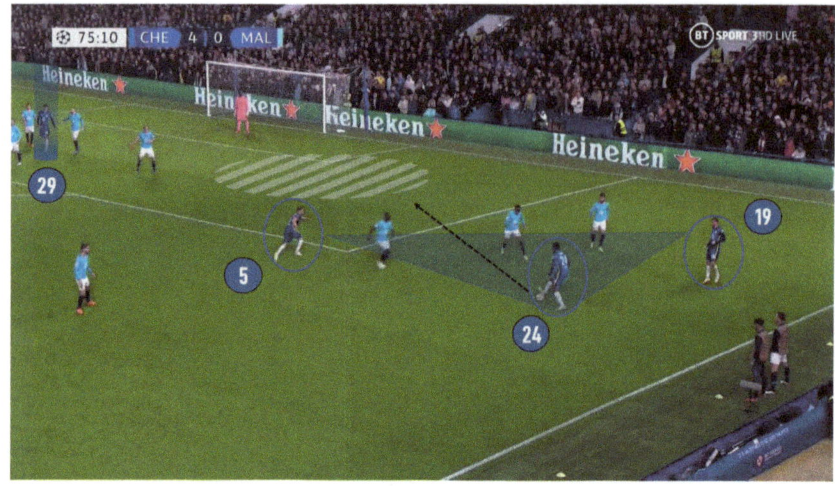

Imagen 37

Esta estructura triangular, con la fijación de los oponentes lejanos, se puede aprovechar para que uno de los tres protagonistas se desmarque y pueda profundizar: en la acción de la Imagen 37 hay una excelente lectura del mediocentro derecho, Jorginho (5), para atacar el espacio vacío y recibir del carrilero derecho, Reece James (24), que interpreta la situación y lo asiste en profundidad. A su lado, el extremo derecho, Mason Mount (19), está en apoyo y completa la figura. Dentro del área se encuentra el delantero centro, Kai Havertz (19), que fija a los centrales y está activo a la espera de entrar al remate en la fase de finalización.

FASE DE FINALIZACIÓN

Principios básicos:

Estilo de finalización del juego.

En la gran mayoría de los casos es mediante centros o un pase atrás desde la línea de fondo. En menor medida es a través de disparos de media y larga distancia.

Zonas por donde se realiza la fase de finalización.

Por zonas exteriores, gracias a la altura de los carrileros.

Jugadores clave.

Los carrileros, los extremos y el delantero centro.

Movilidad mostrada en la fase de finalización.

Existe mucha movilidad de los extremos, los carrileros y los delanteros que participan en las acciones, buscando generar espacios, desmarques de ruptura y diagonales.

Efectivos con los que se llega a la zona de finalización.

Los equipos de Tuchel suelen llegar con bastantes efectivos a la zona de finalización: los dos carrileros, el delantero centro, al menos un extremo y casi siempre uno de los mediocampistas para el rechazo.

Los conjuntos del técnico alemán se caracterizan por terminar las jugadas con centros y pases atrás desde las bandas, aprovechando sus superioridades y la llegada de los carrileros a la línea de fondo. Es su zona de confort, y por eso un porcentaje muy elevado de sus ataques organizados se concluyen de esta forma.

Los carrileros, como en las anteriores fases, tienen una gran importancia. En su sistema, su despliegue físico es indispensable para que puedan incorporarse al ataque con total libertad. En la mayoría de las acciones, uno de ellos es el encargado de poner el balón al interior del área, mientras que el otro se incorpora al remate desde el segundo palo y actúa como un delantero más. De hecho, estos futbolistas suelen aportar muchos goles en los conjuntos de equipos de Tuchel.

El delantero centro siempre ataca la zona del punto de penalti ante los centros de sus compañeros, en busca de finalizar o de arrastrar a los centrales para liberar espacios y favorecer la aparición de uno de los suyos. Por su parte, en esta fase los extremos se mueven con mucha libertad e interpretan muy bien el juego, algo que les inculca el técnico alemán. Normalmente, uno de los dos siempre está en el área para intentar rematar. El otro puede incorporarse o leer qué espacios son más interesantes para ocupar, como puede ser la frontal por un potencial despeje.

Los mediocampistas tienen un papel algo más secundario, pero también tienen la libertad para aparecer en la finalización. Suelen hacerlo con disparos de media o larga distancia y, en muchas ocasiones, al estar atentos a posibles rechazos.

Por otro lado, Tuchel es un entrenador que varía el perfil del delantero centro de su equipo según el plan de partido y las características del rival. En ocasiones juega con uno más fijador, como pueden ser Romelu Lukaku, pero en otras utiliza uno más móvil, como Kai Havertz. Aun así, en la zona de finalización su posicionamiento y función son muy similares.

ESTRUCTURA PRINCIPAL

Imagen 38

La Imagen 38 refleja dos de los conceptos más importantes que tienen los conjuntos de Tuchel en cuanto a su posicionamiento para la finalización. Uno es la altura de los carrileros, con un Callum Hudson-Odoi (20) que dispone de total libertad para llegar a la línea de fondo y poner el centro. El otro, como el delantero centro, ataca siempre la zona del punto de penalti, sabiendo que en muchas ocasiones los centros van en esa dirección; en este caso, Timo Werner (11) ataca ese sector antes de que su compañero se disponga a centrar, ganándole la espalda al central adversario. Asimismo, también se puede ver la disposición inicial de quienes llegan desde la segunda línea, ocupando los espacios de una manera uniforme y racional.

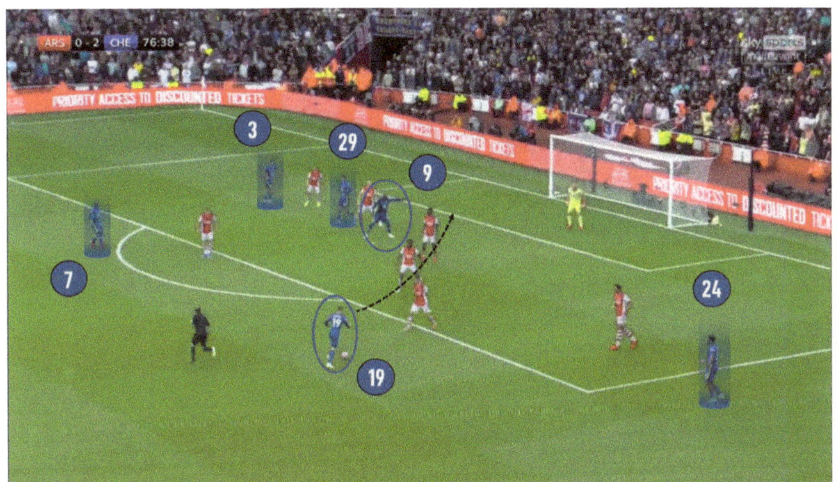

Imagen 39

Un claro ejemplo de la distribución de los espacios para finalizar es el que podemos observar en la Imagen 39. El delantero centro, Romelu Lukaku (9), está posicionado en el punto de penalti, intentando ganarle la espalda al central y demandando el centro a esa zona. El encargado de realizar el centro es el extremo derecho, Mason Mount (19), que está libre después de haber recibido del carrilero posicionado en la banda, Reece James (24).

Podemos observar cómo en la zona de remate aparecen bien distribuidos el extremo izquierdo, Kai Havertz (29), y el carrilero izquierdo, Marcos Alonso (3), quien siempre llega por el segundo palo. Por último, se ve cómo N'Golo Kanté (7), el mediocentro izquierdo, se posiciona en la zona de la frontal del área para capturar cualquier posible rechazo.

Imagen 40

El delantero centro no solo es importante para rematar los centros, sino que también es útil como fijador de los defensas centrales. En la acción de la Imagen 40, Romelu Lukaku (9) se incrusta en área pequeña y libera un espacio.

Los jugadores que llegan por detrás, sobre todo los extremos, saben interpretar muy bien esas acciones y cómo aparecer en las zonas de finalización, ya sea por adentro o por afuera. En este ejemplo, el extremo izquierdo, Kai Havertz (29), es quien llega sin marca y ocupa ese sector libre. El carrilero izquierdo, Marcos Alonso (3), observa el desmarque y envía el centro hacia ese sector.

Además, en la Imagen 40 vemos cómo en la frontal del área aparecen varios futbolistas, ya sea para darle apoyo al carrilero, como hace el mediocentro izquierdo, Mateo Kovačić (8), o para intentar controlar una potencial segunda jugada, donde está el mediocentro derecho, Jorginho (5). Por último, otro aspecto a destacar es que el carrilero derecho, César Azpilicueta (28), ingresa al área por el lado opuesto para sumarse a la zona de finalización.

CARRILEROS COMO OTROS DELANTEROS

Imagen 41

Los carrileros son de los jugadores más importantes en los equipos de Tuchel y tienen una función importante en la zona de finalización con un comportamiento particular e interesante. Seguramente, esta es la posición que requiere más físico dentro de los engranajes de los conjuntos del alemán.

En los ataques organizados, los carrileros tienen la obligación de pisar siempre el área rival y de aparecer en la zona de remate. El objetivo es que la defensa contraria tenga que estar muy atenta a las vigilancias durante todo el partido.

En la Imagen 41 vemos un claro ejemplo de la constante presencia de uno de estos futbolistas en una posición para finalizar. En el momento del centro del enganche, Hakim Ziyech

(22), en el área solo se encuentran el delantero centro y el carrilero izquierdo, Ben Chilwell (21). El marroquí observa el desmarque del inglés y lo busca con un envío a la espalda de su marca.

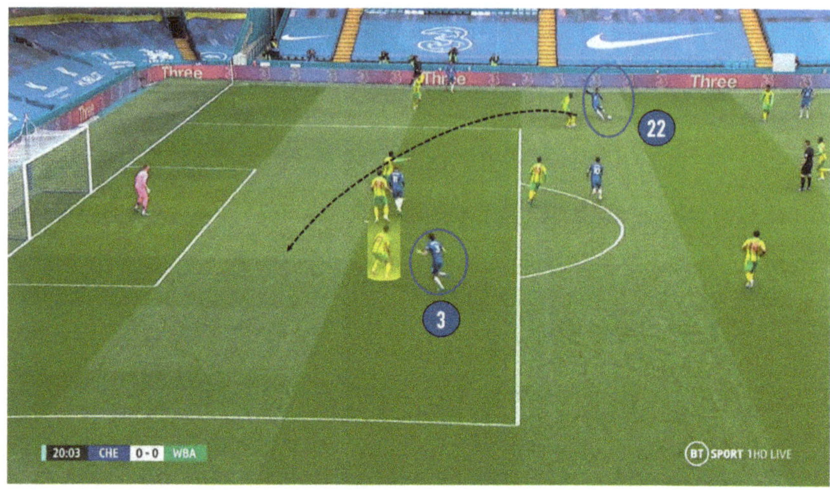

Imagen 42

En la Imagen 42 observamos cómo el carrilero vuelve a llegar a una zona de remate con naturalidad, como si se tratara de un delantero. En esta ocasión es Marcos Alonso (3), el izquierdo, el que ejecuta el desmarque a la espalda de su defensor a la espera del centro del extremo derecho, Hakim Ziyech (22), que interpreta la situación a la perfección.

Imagen 43

La jugada de la imagen 43 es muy similar, con la llegada del carrilero izquierdo, Ben Chilwell (21). Desde el lado opuesto, el inglés le gana la espalda a su defensor dentro del área y ataca la zona del segundo palo para rematar un preciso centro del extremo derecho, Mason Mount (19).

ZONAS DE RECHAZO

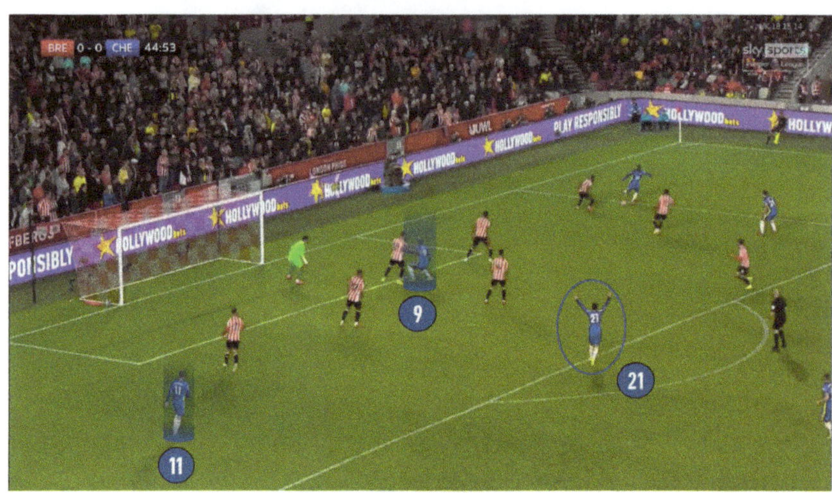

Imagen 44

Con su disposición en la zona de finalización, los equipos de Tuchel también cuidan las zonas de despejes. En la gran mayoría de sus ataques hay al menos un jugador en la frontal del área, lo que les permite aprovechar cualquier segunda jugada de los centros laterales que proponen.

En la Imagen 44 observamos un intercambio posicional entre el carrilero y el extremo por izquierda, una situación que se da en muchas ocasiones y que demuestra la excelente capacidad de interpretación de los espacios y su distribución. El delantero izquierdo, Timo Werner (11), ocupa la zona del segundo palo, que en general es del carrilero, y este, Ben Chilwell (21), lo aprovecha para detectar el sector libre e ir a la frontal del área.

A su vez, también es un buen ejemplo para analizar el posicionamiento del delantero centro, Romelu Lukaku (9), que está fijando a la defensa y es el destinatario del centro lateral. En la continuidad de la acción, Chilwell (21) captura la segunda jugada y convierte con un gran remate.

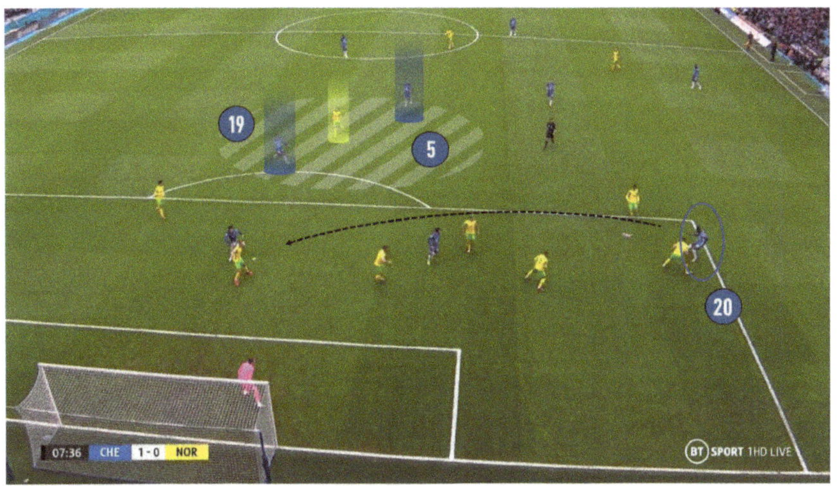

Imagen 45

La perspectiva de la Imagen 45 sirve para entender mejor por qué Tuchel les inculca a sus jugadores la importancia de las segundas jugadas, las que suelen dominar para salir vencedores en la mayoría de sus partidos. Se ve cómo el extremo izquierdo, Callum Hudson- Odoi (20), realiza un centro lateral en busca del interior del área.

En una zona libre de la frontal del área está situado el extremo derecho, Mason Mount (19). Además, desde la segunda línea se suma el mediocentro derecho, Jorginho (5), y son dos futbolistas por tan solo un adversario. Esto les da una superioridad ante cualquier balón rechazado.

Imagen 46

Una vez que ese balón cae en la zona de la frontal del área (Imagen 46), el equipo de Tuchel se hace fuerte y aprovecha su acumulación de hombres para ganar la segunda jugada. En este caso, el balón le cae a un Jorginho (5), que, perfectamente situado, saca ventaja de la superioridad y se conecta con Mason Mount (19) para dejar atrás al rival. Libre de marca, el inglés solo debe girarse hacia la portería para rematar y convertir.

TRANSICIÓN OFENSIVA

Principios básicos:

Comportamiento de los equipos tras una recuperación con el bloque replegado.

Ante equipos no presionantes o que defienden en un bloque bajo, los conjuntos de Tuchel suelen contemporizar. De lo contrario, intentan castigar al rival con transiciones rápidas.

Por dónde realizan las transiciones.

A diferencia de los ataques organizados, en los que generalmente buscan los carriles exteriores, en las transiciones suelen percutir más por los pasillos interiores.

Comportamiento de los equipos tras una recuperación con el bloque avanzado.

En estas situaciones, los equipos de Tuchel suelen estar en un bloque medio y con bastantes jugadores en zonas ofensivas tras la recuperación. Es por ello que, en general, no le imprimen tanta velocidad al juego y buscan más elaboración.

Por dónde realizan las transiciones.

Aquí sí que los equipos de Tuchel suelen utilizar más los pasillos exteriores, buscando a los carrileros y los extremos mediante cambios de orientación.

Jugadores clave.

Los carrileros, los extremos y el delantero centro.

Tuchel es un auténtico artista de las transiciones ofensivas. Desde sus inicios en el Mainz 05, a lo largo de su carrera como entrenador ha ido perfeccionando una de las fases más bonitas y estéticas. En las diferentes plantillas que ha dirigido se ha encontrado con jugadores de un perfil idóneo para lograr dinamismo en el juego. Desde Marco Reus en el Borussia Dortmund a Neymar o Kylian Mbappé en el Paris Saint-Germain.

El técnico alemán siempre ha conseguido impregnar su sello de transiciones limpias, verticales y rápidas. Sabe inculcar cómo interpretar qué velocidad imprimir en cada momento, lo que se puede observar a la perfección cuando sus dirigidos recuperan el balón y entienden qué rol deben asumir individualmente. Su comportamiento cambia dependiendo del sector del terreno en el que se produzca la recuperación, como analizaremos a continuación.

Los conjuntos de Tuchel se presuponen dominadores y superiores a sus contrincantes en muchos partidos, ya que en la mayoría de ellos se enfrentan a adversarios que defienden en un bloque bajo y dejan pocos efectivos en ataque. Ante este tipo de rivales, los equipos del bávaro suelen optar, en la gran mayoría de las veces, por contemporizar el balón y organizar su estructura inicial para elaborar su fase ofensiva tranquilamente. Sin embargo, ante contrarios del estilo opuesto, que tras la pérdida dejan muchos espacios a sus espaldas, su enfoque pasa a estar en lastimar con sus dos extremos y el delantero centro atacando esos huecos de una manera rápida y utilizando muy pocos toques.

La cosa cambia notablemente cuando los conjuntos del alemán optan por una transición desde una zona más alta del campo, ya que le dan un poco de pausa y buscan una estructura similar a un ataque organizado. Aquí vuelven a aparecer en escena los carrileros y los cambios de orientación para intentar aprovechar esas superioridades por fuera.

TRANSICIÓN CON EL BLOQUE REPLEGADO

Imagen 47

Esta primera situación (ver Imagen 47) es una en la que el equipo de Tuchel recupera en su campo y opta por contemporizar y organizar su estructura para iniciar un ataque organizado. Cuando roba el extremo derecho, Mason Mount (19), el balón le queda al mediocentro izquierdo, Jorginho, que al mirar hacia delante observa cómo solo hay un compañero contra toda la defensa del rival, que está bien replegada. Este es un ecosistema poco propicio para las transiciones en las que más cómodos se sienten los conjuntos del alemán.

Imagen 48

Es por ello que el equipo de Tuchel opta por organizarse, triangular entre los carrileros, los centrales y los mediocentros para iniciar la jugada desde atrás. Así, le da una pausa al juego sin necesidad de lanzar un contraataque en una situación en la que no puede sacar provecho. Es un reflejo de las clases que les da el técnico bávaro a sus futbolistas en cuanto a la interpretación del juego. En la Imagen 48 vemos cómo la jugada termina en el portero, Édouard Mendy (16), quien comienza el avance organizado con el conjunto ya perfectamente posicionado.

Imagen 49

Otro ejemplo de contemporización es el que observamos en la acción de la Imagen 49. Comienza desde el central izquierdo, Antonio Rüdiger (2), gana la disputa aérea y le cede el balón al mediocentro izquierdo, Jorginho (5).

Imagen 50

Al recibir Jorginho (5), podemos apreciar en la Imagen 50 cómo el rival, el Manchester United, solo dispone de tres jugadores en la primera línea de presión y la segunda no aparece hasta el mediocampo. Es decir: es un equipo replegado y difícil de sorprender en una transición.

Imagen 51

Es por ello que Jorginho opta por jugar de cara con el central, dar calma al juego y aportar ese temple necesario para que el conjunto vuelva a organizarse y pueda iniciar la acción desde atrás. En estos escenarios, es muy importante el rol de los dos mediocentros para interpretar cuándo salir en una transición rápida y cuándo contemporizar. En la Imagen 51 podemos ver cómo el balón le llega al portero, Édouard Mendy (16), que en esta ocasión opta por realizar un pase largo para saltar la primera línea de presión.

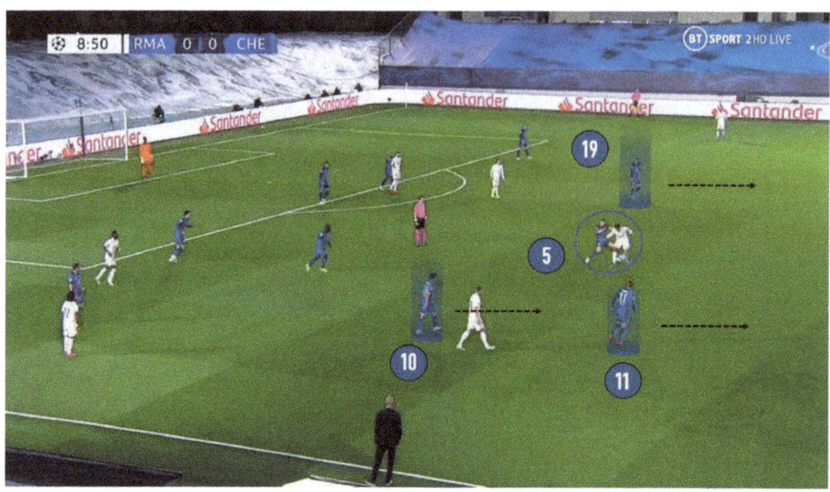

Imagen 52

Es en los escenarios con un campo abierto en los que Tuchel les instaura todo el potencial de las transiciones ofensivas a sus conjuntos. Cuando parten de su propia mitad, en la zona 1, es una delicia ver su eficacia y precisión. La consigna es fácil: activación de los dos extremos y el delantero centro inmediatamente tras la recuperación, uso de pocos toques y verticalidad en el juego. En la acción de la Imagen 52 hay una recuperación del mediocentro izquierdo, Jorginho (5), y rápidamente se activan los dos extremos, Mason Mount (19) y Pulisic (10), y el delantero centro, Timo Werner (11). El objetivo es aprovechar los espacios dejados por el adversario, que tiene hasta siete futbolistas en campo contrario. Es una situación en la que los equipos del bávaro se sienten muy cómodos.

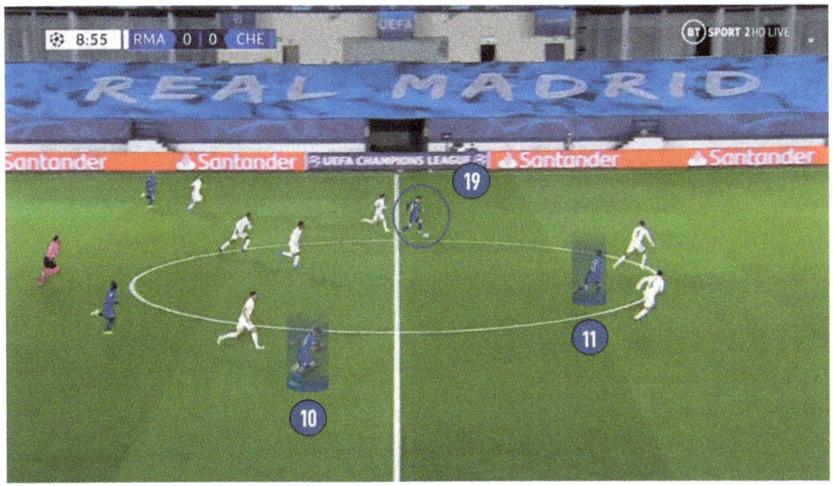

Imagen 53

Buena parte del éxito en esta fase del juego es gracias a que el técnico alemán dispone del perfil idóneo en los extremos, los protagonistas esenciales de las transiciones ofensivas, que son rápidos y están bien dotados técnicamente. En la Imagen 53 vemos cómo Mount (19) lleva el peso de la jugada con una conducción. Werner (11) tiene un papel fundamental, fijando las marcas y posicionándose entre los centrales para generarles la duda sobre si ir a por el inglés y, por ende, liberarle el pasillo a Pulisic (10), que acompaña la jugada.

Imagen 54

Eso le permite al equipo de Tuchel plantarse en el área rival en pocos segundos y en una situación muy ventajosa de uno contra uno, en la que se producen desajustes en las marcas con facilidad. Es lo que sucede en la finalización, reflejada en la Imagen 54, en la que un remate de Mount (19) es rechazado por el defensa y provoca un descontrol en la defensa, que llega al límite. El balón termina en Pulisic (10), quien prolonga de cabeza para Werner (11), que aprovecha que su par está mal colocado y remata totalmente solo. Únicamente la gran parada del portero, Thibaut Courtois, evita el gol.

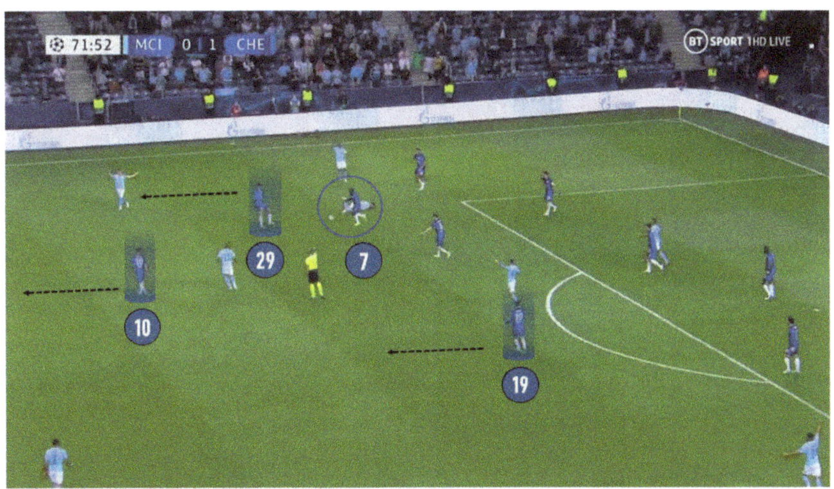

Imagen 55

Un partido para el recuerdo por el despliegue de transiciones ofensivas de un conjunto dirigido por Tuchel es la gran final de la Liga de Campeones de su Chelsea contra el Manchester City, en la que la pizarra del alemán se impuso a la de Pep Guardiola. El patrón inicial (Imagen 55) es idéntico al de la secuencia anterior: una vez que recupera el mediocentro derecho, Kanté (7), los dos extremos, Pulisic (10) y Mount (19), y el delantero centro, Havertz (29), se activan rápidamente para buscar castigar la espalda de un oponente totalmente volcado en campo rival.

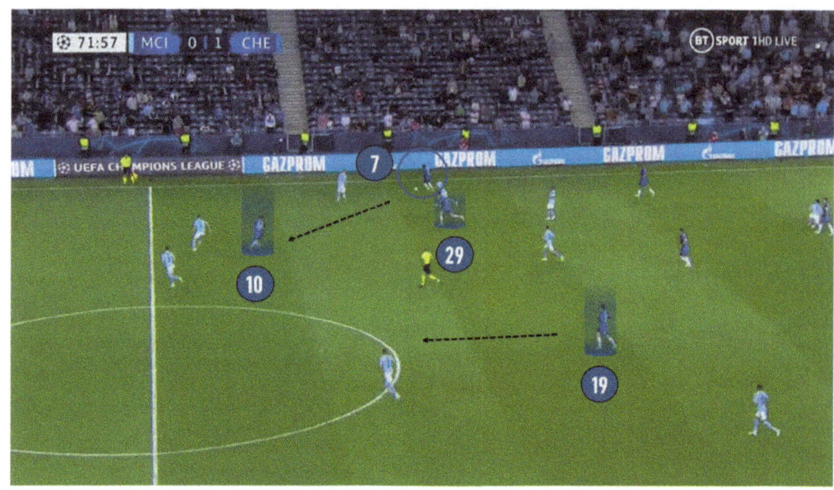

Imagen 56

Un matiz a tener en cuenta en este contraataque es el intercambio posicional entre el extremo derecho, Pulisic (10), y delantero centro, Havertz (29), como se ve en la Imagen 56. Estas situaciones se suelen dar cuando el delantero centro es de un perfil más móvil y no tan fijador (como en este caso). Asimismo, esta acción refleja la importancia del mediocampista que recupera para ser el termómetro e interpretar qué es mejor, si lanzar o contemporizar. En este caso, Kanté (7) detecta un escenario propicio para salir rápido y encuentra a Pulisic (10), que está entre los centrales. Havertz (29) busca la recepción de primera en velocidad, lo que le permite avanzar con muchos metros y en un uno contra uno. El extremo izquierdo, Mason Mount (19), también acompaña la jugada por un pasillo inferior.

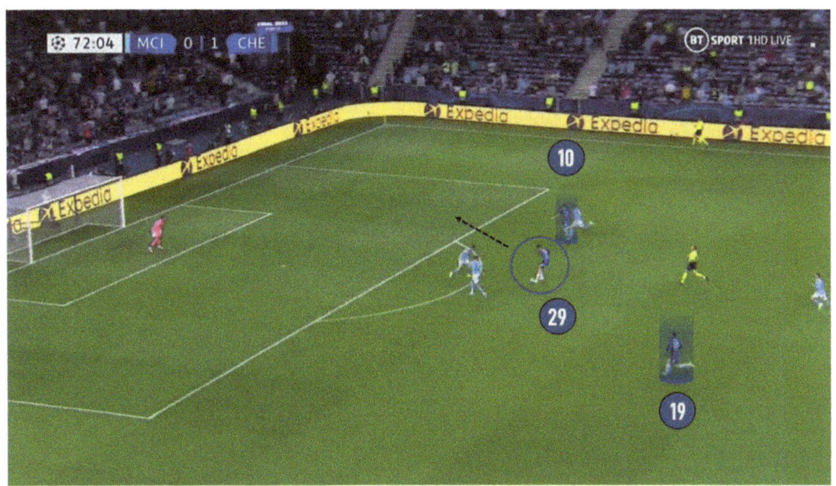

Imagen 57

La magnífica descarga de Pulisic (10) hacia Havertz (29) les permite a ambos salir con ventaja. El alemán marca los tiempos de la jugada en busca del momento propicio para filtrar el último pase hacia el estadounidense, que solo debe definir ante el portero. Sin embargo, unos milímetros evitan que esta preciosa transición termine en un gol. En la Imagen 57 observamos cómo Mount (19) acompaña la acción hasta el final, algo característico de los equipos de Tuchel: los dos extremos y el delantero centro siempre deben intentar llegar a posiciones de finalización.

Imagen 58

En un ejemplo que sigue la misma pauta, en la Imagen 58 observamos una recuperación en la zona uno tras un balón rechazado recogido por el extremo izquierdo, Kai Havertz (29). Los dos acompañantes, que son el delantero centro, Timo Werner (11), y el extremo derecho, Hakim Ziyech (22), detectan la opción de realizar una transición rápida y se activan para atacar los espacios libres a la espalda de un oponente dispuesto en campo rival.

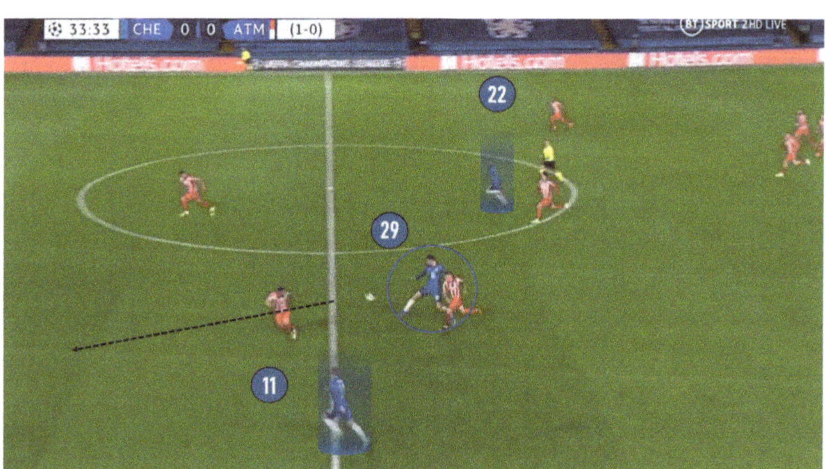

Imagen 59

Por el posicionamiento inicial de los jugadores, en esta ocasión la jugada se desarrolla en una zona exterior: como se ve en la Imagen 59, Werner (11) le demanda un pase al espacio a Havertz (29) y ataca la espalda de su par, al que se le genera la duda de si ir sobre la pelota o perseguir al delantero. Como siempre, el otro extremo, que en este caso es Ziyech (22), acompaña la jugada y busca su momento en la transición, lo que también obliga al adversario a realizar vigilancias.

Imagen 60

En la continuidad de la acción, Werner (11) supera a uno de los dos hombres de cierre del contrario, avanza por el costado izquierdo y, como vemos en la Imagen 60, le genera la duda al central restante sobre si salir a su paso o mantener la posición, reculando hacia su portería. El adversario opta, algo tarde, por la primera opción, lo que el alemán aprovecha para enviar un centro rasante hacia Ziyech (22), quien detecta el espacio libre y lo ataca en el momento perfecto para rematar con soledad y convertir.

Esta transición cumple con todos los denominadores comunes: la activación de los extremos más el delantero centro, los pocos toques hacia la portería contraria y la conducción veloz. Es lo que les inculca Tuchel a sus equipos y lo que los convierte en una auténtica delicia. Ante tal velocidad de ejecución, las defensas

rivales se ven obligadas a correr muchos metros de espaldas, cometer errores y, al llegar al límite, dejar espacios.

TRANSICIÓN CON EL BLOQUE AVANZADO

Imagen 61

El comportamiento de los equipos de Tuchel es bastante diferente en situaciones en las que recupera con su bloque más avanzado. Lo que hacen es reemplazar esa velocidad vertiginosa por la pausa y los cambios de orientación, con la intención de castigar el lado débil del rival. En la Imagen 61 observamos cómo, gracias a una buena presión, el mediocentro izquierdo, Mateo Kovačić (8), consigue el balón prácticamente en la zona tres del campo, con un desorden estructural considerable del conjunto del técnico alemán.

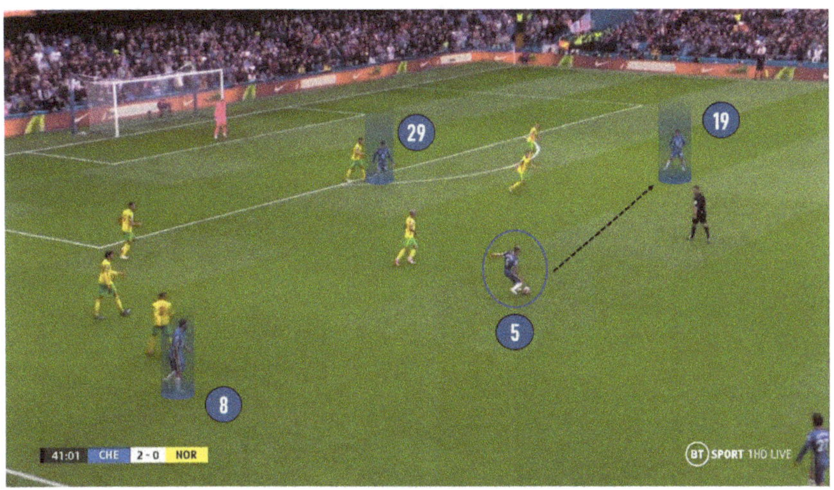

Imagen 62

Es por ello que el equipo intenta reestructurarse rápidamente, buscando un ecosistema reconocible y lo más parecido posible a sus mecanismos de ataque organizado. En la Imagen 62 podemos ver cómo Mateo Kovačić (8) enseguida trata de orientar la jugada hacia el otro costado a partir de los apoyos del otro mediocentro de los extremos. En este caso, es Jorginho (5), el mediocentro derecho, el que recibe para continuar el cambio hacia la otra banda, donde encuentra al extremo derecho, Mason Mount (19). La Imagen 62 también muestra cómo el delantero centro, Kai Havertz (29), se sitúa en la frontal del área para fijar a los centrales, algo muy reconocible en los ataques organizados de los conjuntos de Tuchel.

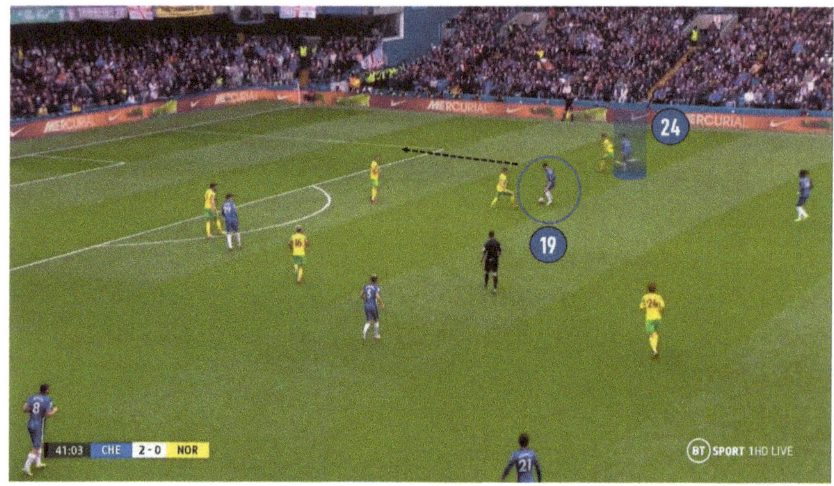

Imagen 63

Al conseguir orientar la acción hacia el otro costado, los equipos del bávaro intentan encontrar una superioridad por afuera o aprovechar cualquier desajuste en la transición defensiva del rival. En esta ocasión ocurre la segunda opción: el Norwich no consigue bascular bien y eso le permite al carrilero derecho, Reece James (24), atacar el intervalo entre el central y el lateral para ganarle la espalda a su par, recibir un preciso pase al espacio de Mount (19) y anotar un tanto de bella factura.

Imagen 64

Este ejemplo demuestra cómo los equipos de Tuchel combinan tres comportamientos: la pausa, la reestructuración del bloque y el cambio de orientación. En la Imagen 64 podemos ver cómo, luego de una recuperación de los dirigidos por el alemán en la zona dos del campo, ambos equipos tienen una gran cantidad de jugadores en el sector izquierdo. El termómetro del conjunto, Mateo Kovačić (17), el mediocentro izquierdo, lo detecta y es por ello que imprime una pausa necesaria para encontrar las otras dos premisas para estas situaciones: la estructura ofensiva reconocible y el ataque del lado débil del rival.

Imagen 65

En apenas unos segundos, el equipo del técnico alemán está obligando al adversario a bascular. Lo hace con varios pases de seguridad, los necesarios para poder organizar su bloque y orientar el juego hacia el otro costado. En la Imagen 65 observamos la actividad de los mediocentros en los apoyos. En este caso, es el derecho, N'Golo Kanté (7), el encargado de abrir el balón para el central derecho, Trevoh Chalobah (14), que se ofrece para dar la amplitud necesaria para llevar rápidamente el balón hacia el otro costado. Cuando recibe el inglés, vemos cómo tiene un pase limpio hacia el lateral derecho, Callum Hudson-Odoi (20), quien está en condiciones de tener un uno contra uno o un dos contra uno si se suma al extremo cercano. Esto permite encontrar la superioridad por afuera que tanto le gusta a Tuchel.

Imagen 66

Finalmente, tras varias combinaciones, la jugada termina donde el entrenador bávaro hace que más cómodos se sientan sus equipos: en los pasillos exteriores y buscando las superioridades. En este caso, como vemos en la Imagen 66, con el carrilero, Hudson-Odoi (20), y el extremo derecho, Hakim Ziyech (22). En todo el proceso que ha llevado la acción a esta situación, al conjunto le ha dado tiempo a instalarse en el área contraria de una manera muy reconocible, con la estructura extremo-delantero centro-carrilero (de derecha a izquierda) que hemos analizado. Con el extremo izquierdo, Kai Havertz (29), actuando con libertad en la zona del primer palo, el delantero centro, Timo Werner (11), actuando como fijador de centrales y el carrilero izquierdo, Marcos Alonso (3), apareciendo por el segundo palo, la ocupación de espacios es racional.

En conclusión, los equipos de Tuchel tienen dos maneras muy distintas de comportarse tras recuperar el balón según dónde es que lo hacen. Si es con el bloque replegado, intentan llegar lo antes posible a la portería rival. Si es con el bloque avanzado, ponen más énfasis en sentirse cómodos para aprovechar sus superioridades y buscar una buena finalización.

DEFENSA ORGANIZADA

Principios básicos:

Posicionamiento defensivo base.

Ante oponentes teóricamente inferiores o en casa, los equipos de Tuchel presionan la salida de balón en un bloque alto con un 1-3-4-2-1. Otras opciones son 1-4-3-3 o 1-4-2-3-1.

Posicionamientos defensivos alternativos.

Ante contrarios teóricamente superiores o situaciones de partido beneficiosas con el resultado a favor, optan por un bloque medio-bajo con las líneas muy juntas en un 1-5-3-2. Otras opciones son 1-4-3-3 o 1-4-2-3-1.

Comportamiento de los equipos defendiendo la iniciación y la progresión del rival.

Los conjuntos del técnico alemán siempre tienen la idea de protegerse por adentro e intentar que el adversario tenga que progresar por afuera, donde disponen de sus mecanismos defensivos más idóneos.

Comportamiento de los equipos defendiendo la finalización del rival.

Defienden por acumulación dentro del área, con los centrales bien ajustados cerca del punto de penalti y la ayuda de los carrileros y al menos un mediocampista.

Una de las señas de identidad por las que son reconocidos los equipos de Tuchel es por su fortaleza defensiva. En la fase de la defensa organizada observamos la faceta más adaptativa del técnico alemán, ya que no se casa con ningún posicionamiento base. Todo depende del oponente, el contexto del encuentro o el resultado parcial. En función de lo que más le convenga, incluso puede variar dentro de un mismo partido.

Se puede describir a los conjuntos del bávaro como mixtos en los conceptos defensivos, con capacidad para presionar y ser agresivos para recuperar en un bloque medio-alto. Por otro lado, también se sienten muy cómodos replegados atrás y en un bloque bajo, con las líneas muy juntas. De esta adaptabilidad camaleónica nace su gran fortaleza, ya que saben manejarse en todos los escenarios posibles.

A continuación, veremos en imágenes (67, 68 y 69) los tres principales registros defensivos de los equipos de Tuchel.

1-5-3-2 en un bloque bajo

Imagen 67

1-5-3-2 en un bloque medio

Imagen 68

1-3-4-2-1 en un bloque alto

Imagen 69

Dentro de esas estructuras hay automatismos que Tuchel instaura en su sistema defensivo, tanto a la hora de defender la salida de balón del rival como su progresión y finalización.

DEFENSA DE LA INICIACIÓN Y LA PROGRESIÓN DEL RIVAL

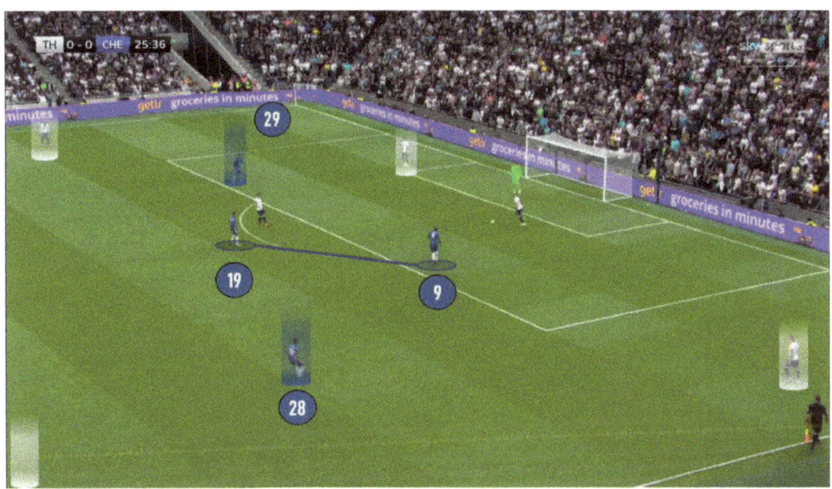

Imagen 70

Cuando los equipos de Tuchel van a presionar la salida de balón del adversario, hay dos conceptos básicos: tapar la progresión por adentro, obligando al contrario a hacerlo por afuera o en largo, y disponer en zonas intermedias a un extremo y al carrilero del lado opuesto (que sube su altura para situarse entre el lateral y el extremo del rival). En la Imagen 70 observamos cómo el extremo derecho, Mason Mount (19), y el delantero centro, Romelu Lukaku (9), tapan los pasillos interiores. Además, el extremo izquierdo, Kai Havertz (29), y el carrilero derecho, César Azpilicueta (28), se posicionan entre dos oponentes para activarse rápidamente ante un pase a cualquiera de sus dos marcas cercanas.

Ante este buen trabajo, el adversario se ve obligado a jugar en largo.

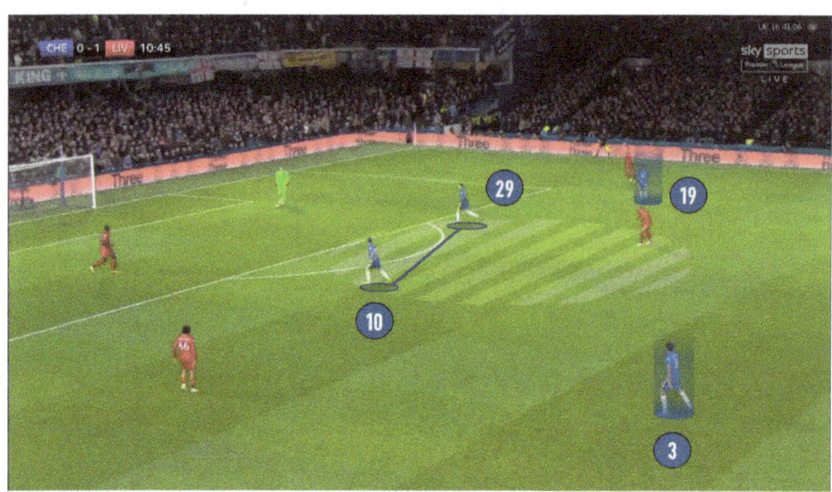

Imagen 71

Apreciamos la misma disposición en la Imagen 71. El delantero centro, Kai Havertz (29), se ubica a la par del extremo izquierdo, Christian Pulisic (10), para imposibilitar un pase interior. En los costados, en posiciones intermedias se colocan el extremo derecho, Mason Mount (19), y el carrilero izquierdo, Marcos Alonso (3). Otra vez obligan al rival, que en este caso es el Liverpool de Jürgen Klopp, a iniciar en largo.

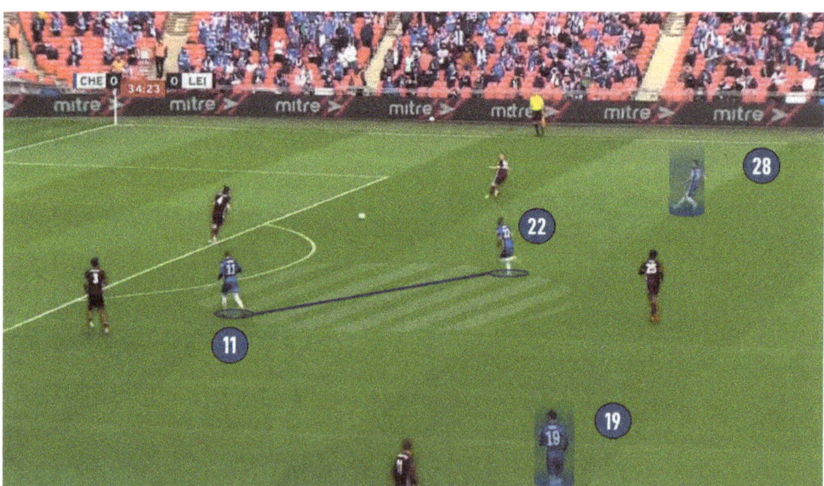

Imagen 72

La imagen 72 muestra la misma disposición a la hora de ir a la presión en un bloque alto. Por un lado, el delantero centro, Timo Werner (11), y el extremo derecho, Hakim Ziyech (22), evitan un pase por adentro. Por otro, el extremo izquierdo, Mason Mount (19), y el carrilero derecho, César Azpilicueta (28), están situados en esas posiciones intermedias entre los laterales y los extremos contrarios de cada banda para activarse rápidamente ante un pase en cualquier dirección. Esta disposición del conjunto de Tuchel vuelve a forzar un desplazamiento en largo.

Imagen 73

Una vez que el rival ha conseguido superar la línea de presión del equipo del técnico alemán, este pasa a esperar en un bloque medio o bajo. El bávaro le da mucha importancia a tapar los pases interiores e intentar ahogar al adversario en los costados, utilizando posicionamientos defensivos en rombo. La estructura siempre es la misma con el extremo, el carrilero, un mediocampista y el central del lado. En la imagen 73 lo podemos ver claramente: lo forman el extremo izquierdo, Christian Pulisic (10), el carrilero izquierdo, Ben Chilwell (21), el mediocentro izquierdo, N'Golo Kanté (7), que bascula hacia ese lado, y el central izquierdo, Antonio Rüdiger (2).

Esto le imposibilita al oponente cualquier conexión por adentro y enjaula a cualquier futbolista que entre en esta figura perfectamente estructurada.

Imagen 74

Tuchel ha conseguido que sus equipos sean tremendamente complicados de atacar por zonas centrales cuando se encuentran en la fase de defensa organizada. En muchas ocasiones limitan a sus rivales a centros laterales, acciones en las que se hacen fuertes. La Imagen 74 vuelve a reflejar esta defensa en rombo creada por el extremo izquierdo, Mason Mount (19), el lateral izquierdo, Ben Chilwell (21), el mediocentro izquierdo, N'Golo Kanté (7), y el central izquierdo, Antonio Rüdiger (2). Esta situación obliga al adversario a iniciar otra vez la jugada, al ser incapaz de encontrar líneas de pase para progresar.

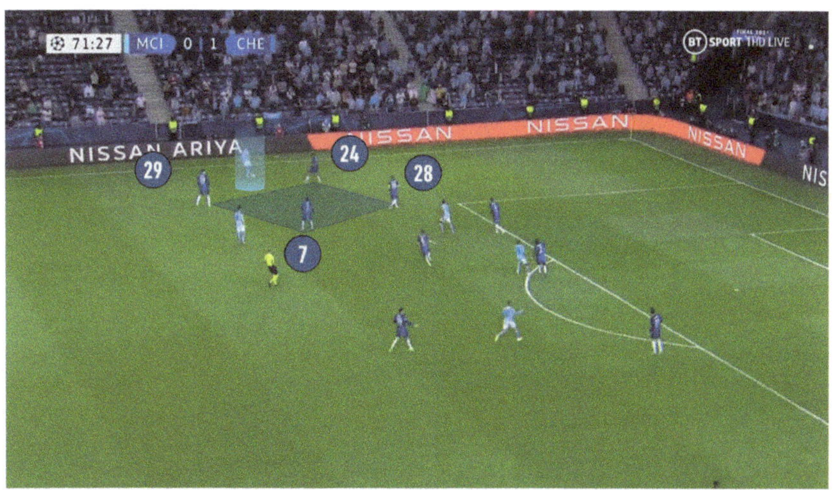

Imagen 75

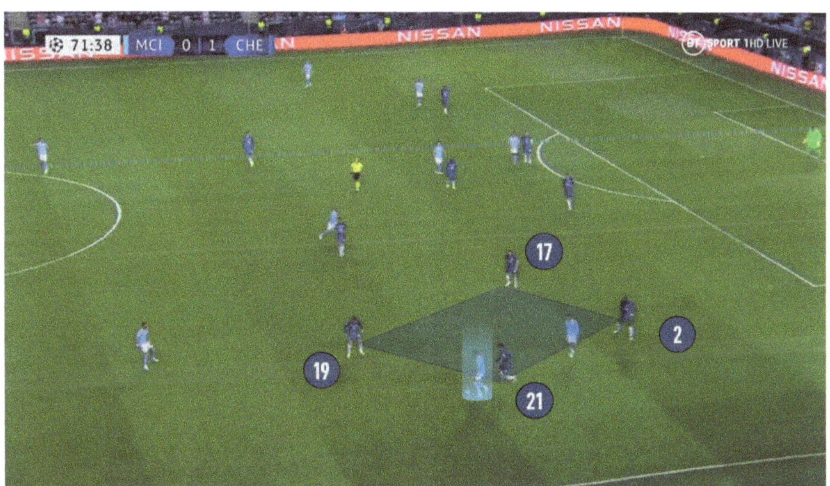

Imagen 76

Estas dos imágenes son muy interesantes para contextualizar las defensas zonales en rombo. Que solo pasen diez segundos entre una situación y otra refleja lo trabajadas que están estas acciones por el entrenador alemán.

En la Imagen 75 observamos cómo el equipo de Tuchel consiguió aislar al Manchester City de Pep Guardiola y dificultarle el juego por los pasillos interiores, aspecto en el que se sienten

muy cómodos, durante los últimos minutos de la final de la Liga de Campeones. En este primer momento, la estructura del rombo la forman el extremo derecho, Kai Havertz (29), el lateral derecho, Reece James (24), el mediocentro derecho, N'Golo Kanté (7), y el central derecho, César Azpilicueta (28).

En la continuidad de la acción, el City se ve incapaz de conectar por adentro y decide orientar el juego hacia el otro costado. Pero en la otra banda se encuentra con el mismo entramado defensivo, como muestra la Imagen 76. Esta vez lo forman el extremo izquierdo, Mason Mount (19), el lateral izquierdo, Ben Chilwell (21), el mediocentro izquierdo, Mateo Kovačić (17), y el central izquierdo, Antonio Rüdiger (2).

Los automatismos defensivos que consigue Tuchel en sus conjuntos son muy serios y estables, lo que hace que sean de los equipos más fiables del mundo en esta materia.

DEFENSA DE LA FINALIZACIÓN DEL RIVAL

Imagen 77

Tuchel tiene muy bien trabajada la estructura defensiva en la zona de finalización del rival. Opta por acumular hombres dentro del área para cubrir todos los centros laterales e impedir que el oponente tenga buenas opciones de remate.

El eje principal son los centrales, que se distribuyen de forma racional alrededor del punto de penalti (como observamos en la imagen 77). Normalmente, uno de los carrileros es el que intenta obstruir el envío del adversario, lo que en este caso hace el derecho, César Azpilicueta (28). Mientras tanto, el carrilero opuesto cierra su posición para atacar cualquier balón que pueda ir a la zona del segundo palo, como observamos con Marcos Alonso (3).

Por último, es muy interesante el papel de los mediocampistas, ya que uno se coloca en el intervalo entre el central y el carrilero para intentar taponar cualquier opción de pase interior o rechazar los centros cortos al primer palo. En la Imagen 77 lo podemos apreciar con el mediocentro derecho, N'Golo Kanté (7), que está perfectamente situado en esa posición.

Imagen 78

En la acción de la Imagen 78 podemos ver otro claro ejemplo de esta estructura con los centrales nuevamente distribuidos de manera ordenada dentro del área. Además, el carrilero izquierdo, Marcos Alonso (3), sale para intentar bloquear el centro del oponente y el carrilero derecho, Reece James (24), cierra su posición y ajusta su altura para posicionarse cerca de los zagueros en la zona del segundo palo. Un matiz de esta jugada está en el posicionamiento del mediocentro derecho, N'Golo Kanté (7), que se queda algo más separado que en la situación anterior para tapar la opción de pase interior hacia la frontal del área.

Imagen 79

Ante situaciones en las que el bloque está muy hundido, hay pequeñas variaciones en el posicionamiento para intentar abarcar más zonas del área y alcanzar la mayor protección posible. En la Imagen 79 observamos al equipo de Tuchel defendiéndose de un oponente que, con la intención de empatar, acumula muchos hombres en la zona de finalización. Es por ello que, en estas situaciones, el técnico bávaro prefiere ajustar la disposición, con los dos carrileros dentro del área. Entonces, es uno de los extremos el que intenta tapar el centro.

Observamos cómo el carrilero izquierdo, Ben Chilwell (21), se sitúa en el sector en el que anteriormente se colocaba un mediocampista. El carrilero del lado opuesto, que en este caso es César Azpilicueta (28), sigue cerrando la zona del segundo palo. Además, los centrales mantienen siempre ese posicionamiento bien estructurado en el área y uno de los medios, en esta jugada el mediocentro derecho, N'Golo Kanté (7), se para cerca de la frontal por cualquier tipo de rechazo que pueda producirse.

TRANSICIÓN DEFENSIVA

Principios básicos:

Temporización de los centrales.

Cuando los equipos de Tuchel atacan con un bloque alto, se producen muchas situaciones en las que los centrales se encuentran con muchos metros a sus espaldas. Es un espacio que deben gestionar, temporizando para permitirle al resto de los jugadores recuperar la estructura defensiva.

Demanda física de los carrileros.

Los carrileros de los conjuntos del técnico alemán se enfrentan a una demanda física muy exigente. Esto se debe a que tienen que incorporarse al ataque y replegar su posición rápidamente en defensa, lo que representa un constante esfuerzo de subir y bajar en el terreno de juego.

Perfilar la presión hacia la banda y acosar.

Tuchel tiene la obsesión de protegerse por adentro en los momentos defensivos. Ante pérdidas con el bloque en una altura media-baja, es por ello que sus equipos orientan su presión para llevar el juego del adversario a las bandas, donde se sienten cómodos para defender y acosar al contrario.

Como no podía ser de otra forma, Tuchel también crea en sus equipos patrones muy claros y específicos para las transiciones defensivas. Jugar con los dos carrileros tan presentes en la zona de ataque en la fase ofensiva tiene sus riesgos, por lo que toma mucha importancia el repliegue tras una pérdida cuando el equipo está en campo contrario. Es por ello que los centrales deben saber temporizar los contraataques para darle tiempo al conjunto de estructurarse defensivamente; sobre todo a los carrileros, que son activos importantes en los momentos sin el balón.

En situaciones en las que la pérdida se produce con el bloque menos adelantado, el técnico alemán inculca una presión orientada hacia las zonas exteriores. Esto se debe a que en estos sectores es en los que más cómodos se sienten sus jugadores para defender y en los que saben cómo acosar y acorralar al rival para recuperar.

TEMPORIZACIÓN DE LOS CENTRALES Y REPLIEGUE DE LOS CARRILEROS

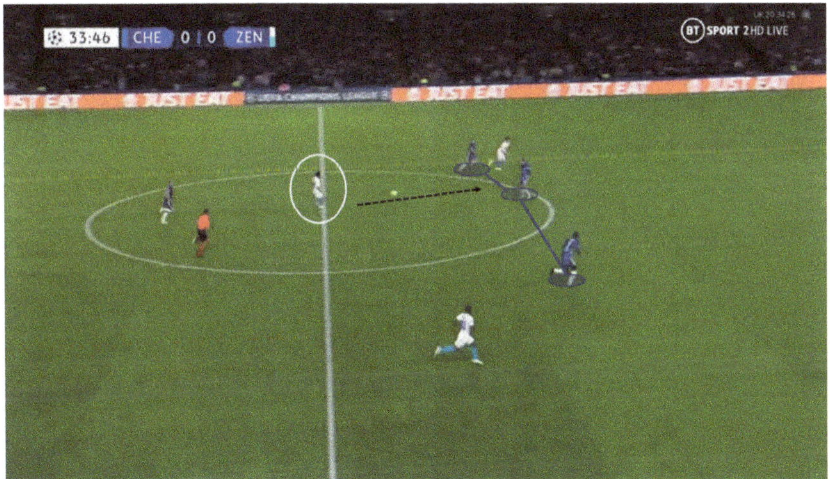

Imagen 80

En la Imagen 80 podemos ver un claro ejemplo: el adversario realiza una rápida transición ofensiva y el equipo de Tuchel queda expuesto en un tres contra tres con muchos metros a la espalda de los centrales. Es por ello que tiene que haber perfección en la gestión de estas acciones y la ejecución de los automatismos por parte de los zagueros.

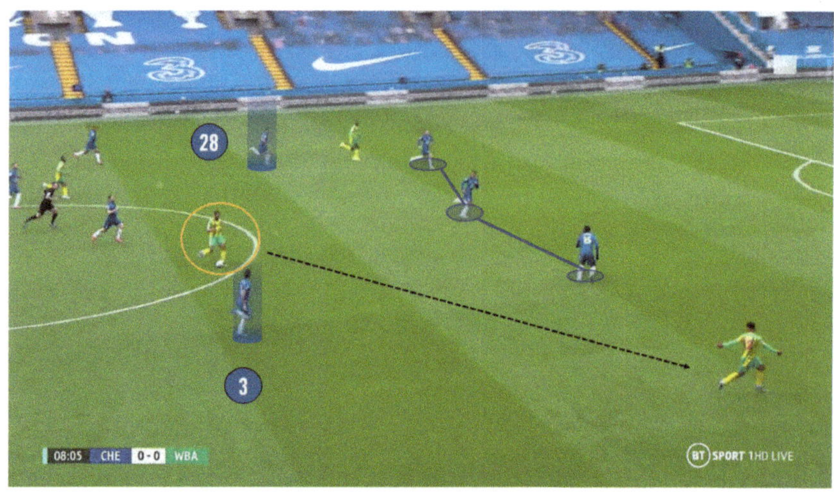

Imagen 81

En esta acción de contraataque es importante centrarse en la altura de los carrileros. Como podemos observar en la Imagen 81, los tres hombres de cierre se ven obligados a temporizar para darles tiempo a estos dos jugadores a llegar a las ayudas y no dejarle ninguna opción al rival de quedar uno contra uno con el portero. Son muchos los metros que tienen que recorrer el lateral izquierdo, Marcos Alonso (3), y el lateral derecho, César Azpilicueta (28).

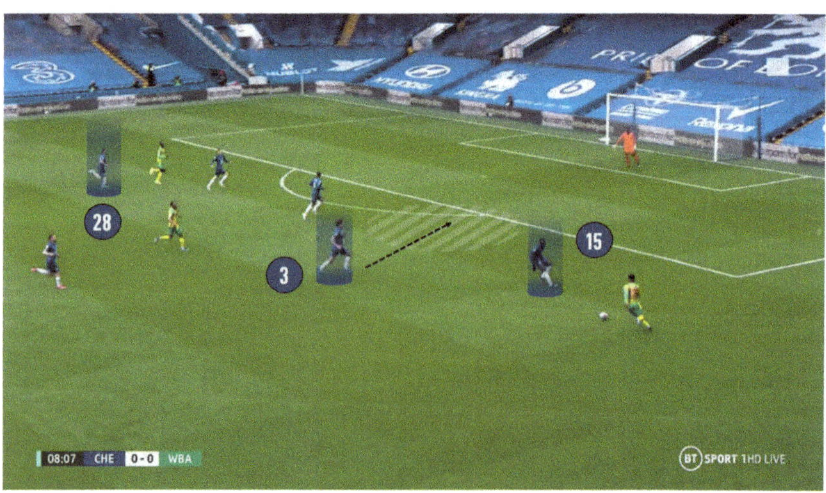

Imagen 82

Como vemos en la Imagen 82, al detectar la llegada del carrilero de su lado, Marcos Alonso (3), el central izquierdo, Kurt Zouma (15), sale al paso del atacante contrario para interceptar el centro. Lo hace porque sabe que el español está para ocupar la zona que está por dejar libre en un automatismo muy trabajado que se repite con asiduidad en las transiciones defensivas en las que los equipos de Tuchel deben recorrer muchos metros hacia su portería. En el otro extremo del campo, observamos cómo el carrilero derecho, César Azpilicueta (28) tiene tiempo de replegar para cerrar cualquier envío hacia ese sector.

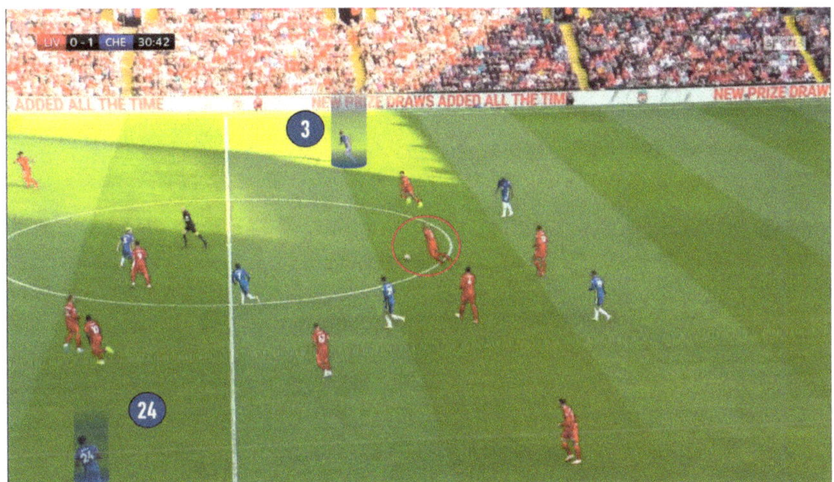

Imagen 83

La acción de la Imagen 83 les demanda otro repliegue intenso a Marcos Alonso (3) y a Reece James (24), los carrileros izquierdo y derecho, respectivamente, ante una pérdida en la zona del mediocampo. Estos esfuerzos son constantes durante todo el partido, ya que esta posición requiere de una elevada capacidad física para cubrir las exigencias del técnico alemán. Se trata de la función más específica en su sistema de juego.

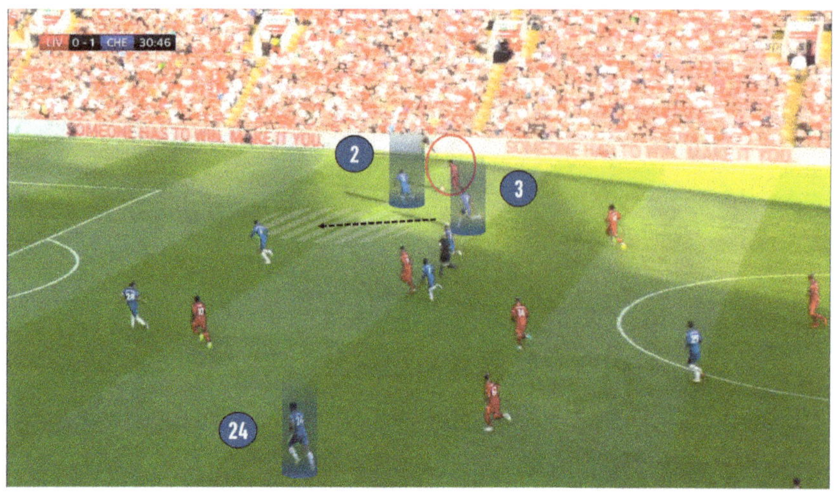

Imagen 84

Al igual que en la situación previa, en la imagen 84 observamos cómo el central izquierdo, Antonio Rüdiger (2), salta a encimar a Mohamed Salah y Alonso (3) va rápidamente a ocupar momentáneamente la posición del alemán. De esta manera, equilibra el posicionamiento defensivo del equipo. En el otro costado, Reece James (24) cierra su posición y aprovecha la buena temporización de los zagueros para llegar en el momento justo y minimizar los riesgos de una finalización del adversario.

PERFILAR LA PRESIÓN HACIA LA BANDA Y ACOSAR

Imagen 85

En situaciones en las que los equipos de Tuchel pierden el balón con el bloque menos adelantado, la premisa es clara: cubrir rápido cualquier pase interior y regalarle la banda al rival. En esas zonas es donde, posteriormente, el conjunto se activa rápidamente para presionar e intentar robar lo antes posible. En la Imagen 85 observamos cómo los dirigidos por el técnico alemán le imposibilitan al oponente, el Oporto, cualquier conexión por adentro del central, obligándolo a progresar por afuera.

Imagen 86

Como hemos visto en la fase de defensa organizada, los equipos de Tuchel se sienten muy cómodos defendiendo por afuera y protegiéndose por adentro. En las transiciones defensivas, el técnico alemán busca producir situaciones muy similares para recuperar lo antes posible y, a su vez, ganar tiempo para que el conjunto se sitúe cómodamente en posiciones defensivas. Una vez que el central del Oporto ha conectado con el extremo que baja a recibir, se produce un acoso para quitar lo más rápido que se pueda, como apreciamos en la Imagen 85, consiguiendo un muy favorable tres contra uno en la banda.

Imagen 87

La situación que vemos en la Imagen 87 sigue la misma pauta: tras perder el balón con su bloque más atrasado, el equipo de Tuchel cierra la zona interior con sus jugadores más adelantados para que el contrario, el Malmö, solo tenga la opción de progresar por afuera.

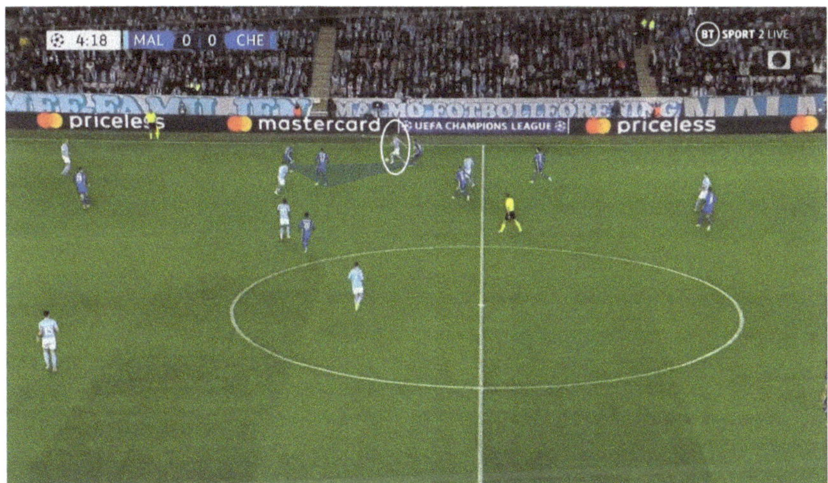

Imagen 88

Una vez que recibe el extremo del Malmö (imagen 88), se vuelve a producir una activación intensa de los defensores cercanos del conjunto de Tuchel. Otra vez se crea una situación de tres contra uno en la banda, tapando cualquier opción de pase del atacante (tanto para jugar con el central como con cualquier mediocentro en apoyo). Esta es una situación idílica para los equipos del técnico bávaro, ya que pueden perfilar la presión y acosar en la banda.

Imagen 89

En la situación de la Imagen 89 podemos ver una acción algo diferente, pero que se enfrenta con el mismo objetivo y los mismos mecanismos y, por ende, lleva a un resultado igual: una presión tras pérdida orientada a que el rival solo pueda progresar por afuera. La figura destacada es la del extremo derecho, Hakim Ziyech (22), que tras la pérdida va rápidamente a posicionarse en la línea de pase que hay entre el extremo y el central del oponente, lo que le permite tapar un envío interior, obligar al adversario a retrasar la pelota y evitar una posible transición rápida.

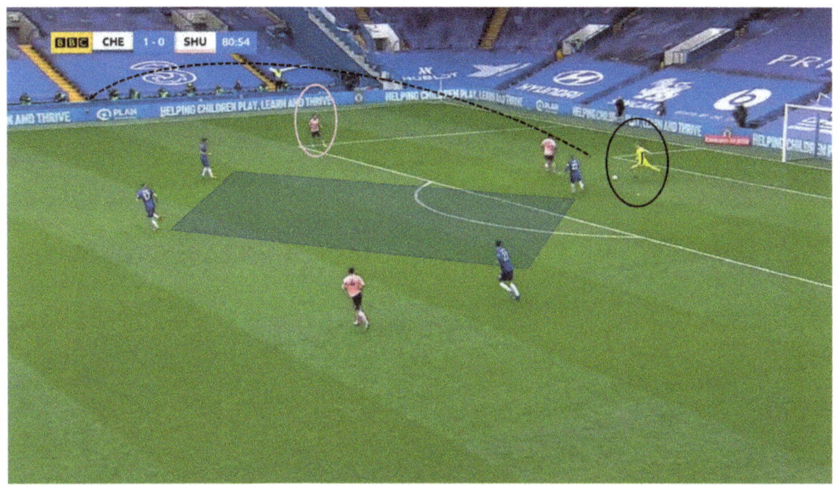

Imagen 90

El equipo acompaña la presión y genera que el balón le llegue al portero, ofreciéndole una vez más la salida por la banda. En la imagen 90 vemos cómo la primera línea de presión del conjunto de Tuchel va hasta el área rival y tapa cualquier salida por adentro, lo que fuerza al guardameta a jugar con el lateral (en una situación posiblemente comprometida) o hacerlo en largo. Opta por la segunda opción, lo que propicia una rápida recuperación del equipo del técnico bávaro.

ABP (ACCIONES A BALÓN PARADO)

Principios básicos:

Acciones a balón parado ofensivas.

Los conjuntos de Tuchel dominan un amplio registro de acciones con infinidad de posicionamientos. Se destaca el uso de bloqueos y movimientos de arrastre para liberar marcas y permitir un remate limpio de un futbolista que entra desde la segunda línea. Los equipos se hacen muy fuertes en las segundas jugadas.

Acciones a balón parado defensivas.

En estas situaciones, el técnico alemán siempre suele disponer de un posicionamiento mixto con jugadores ocupando espacios y otros tomando una marca. En general, a sus mejores futbolistas en el juego aéreos los libera de un seguimiento y los emplea para cubrir las zonas más susceptibles a las que puede llegar el centro del rival.

Acciones a balón parado ofensivas

El laboratorio de Tuchel en las jugadas a balón parado ofensivas es muy extenso. Veremos las premisas más destacadas, como los bloqueos y los movimientos de arrastre utilizados en la gran mayoría de las acciones ensayadas (sobre todo en los córneres).

Imagen 91

La secuencia que inicia en la Imagen 91 muestra cómo dos jugadores, en este caso Thiago Silva (6) y Antonio Rüdiger (2), pueden beneficiarse de los movimientos previos de sus compañeros para entrar desde la segunda línea con ventaja para rematar. En el primer palo, Christian Pulisic (10) hace el amago de acercarse para recibir en corto, lo que provoca que Luka Modrić lo persiga y deje libre esa zona. César Azpilicueta (28) ejecuta otro movimiento de arrastre hacia el área pequeña, obligando a su marca a seguirlo. Además, en la zona de destino de los rematadores se encuentra Kai Havertz (29), quien realiza un bloqueo para permitirles llegar con libertad.

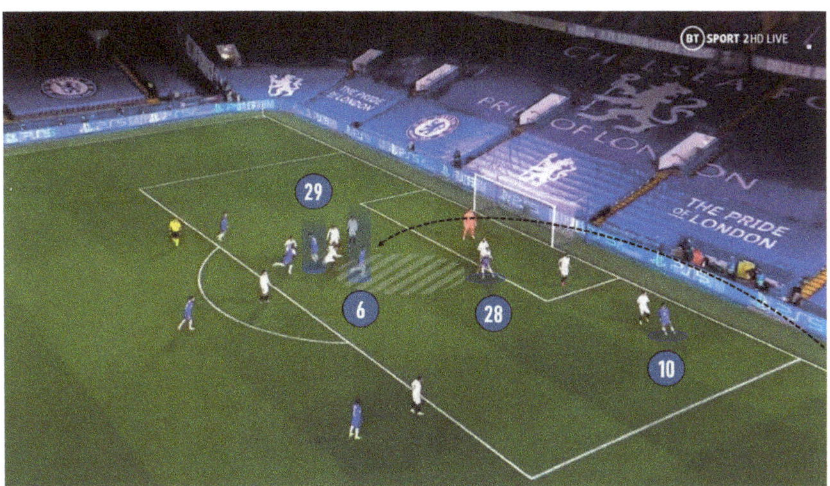

Imagen 92

Cuando el córner es ejecutado, todos estos movimientos propician la liberación de un espacio en la zona del punto de penalti. Ese lugar es perfecto para que Thiago Silva (6) pueda cabecear sin marca. La Imagen 92 también es útil para destacar los conceptos anteriormente mencionados: los movimientos de Pulisic (10) y Azpilicueta (28) y el bloqueo de Havertz (29). Es una jugada ensayada perfecta que no termina en gol por muy poco.

Imagen 93

La imagen 93 muestra algunos aspectos más generales, relacionados con el comportamiento como bloque de los equipos de Tuchel ante los saques de esquina ofensivos. Por un lado, vemos un primer grupo de jugadores que realizan bloqueos para que el segundo (el de los rematadores) pueda beneficiarse y cabecear hacia la portería. También refleja el valor que le da el técnico alemán a controlar la frontal del área, donde siempre deja a futbolistas con buen golpeo para un posible disparo o un segundo centro al área.

Imagen 94

La Imagen 94 grafica otra buena maniobra con bloqueos, en la que Kai Havertz (29) y Loftus-Cheek (12) son los encargados de ejecutarlos para beneficio de Thiago Silva (6). El brasileño ataca el sector del primer palo desde la segunda línea para buscar rematar.

Imagen 95

Tras la ejecución del córner (Imagen 95), Thiago Silva (6) ya sabe qué zona tiene que atacar y aprovecha a la perfección los bloqueos de sus compañeros para rematar totalmente libre de marca. El gol solo es evitado por un defensor rival bajo la portería, en otra magnífica acción ensayada por el técnico alemán.

Imagen 96

Como hemos visto, Tuchel pone atención en todos los detalles y no deja nada al azar. Mucho menos en algo tan minucioso como el balón parado. Siempre les da mucha importancia a que los jugadores con una buena capacidad de golpeo estén atentos a la zona de rechazo cerca de la frontal del área. Como ejemplo, en la Imagen 95 vemos cómo Mateo Kovačić (8) y Mason Mount (19) esperan atentos para controlar cualquier segunda jugada.

Imagen 97

En la Imagen 97 observamos cómo el balón cae en el sector en el que suelen estar los pupilos con mejor pie de Tuchel y, por ende, en el que se encuentra Mateo Kovačić (8) esperando cualquier oportunidad. El balón va hacia esa zona y el croata consigue acomodar su cuerpo y sacar un latigazo que entra por la escuadra, en un golpeo nada sencillo y de bellísima factura.

ACCIONES A BALÓN PARADO DEFENSIVAS

Uno de los puntos fuertes de los equipos que construye Tuchel está en el balón parado defensivo. Es muy complicado hacerles daño por esa vía. A continuación, analizaremos su posicionamiento básico ante estas jugadas.

Imagen 98

En los córneres defensivos (Imagen 98), el equipo opta por un posicionamiento mixto a la hora de cubrir las marcas. Un primer bloque de futbolistas cubre un sector con uno en el primer palo y dos de gran juego aéreo (normalmente, dos centrales) en la zona frontal del área pequeña. Pero un segundo grupo sí realiza marcajes al hombre, lo que en este caso lo sitúa en el segundo palo. Además, siempre hay un hombre atento a un posible saque en corto del contrario.

Imagen 99

En la imagen 99 observamos el mismo posicionamiento mixto partiendo del idéntico primer bloque de jugadores (uno cubriendo el primer palo y dos liberados en el área pequeña). En esta situación, el segundo grupo se sitúa en la zona del punto de penalti, haciendo marcajes hombre a hombre. Igualmente, su posicionamiento depende mucho de la distribución de los posibles rematadores del adversario. También está el futbolista descolgado, atento a cualquier saque en corto.

Imagen 100

Como muestra la Imagen 100, otra variante que suelen utilizar los equipos de Tuchel para defender saques de esquina consiste en ubicar tres hombres libres de marca justo delante del portero, posicionar otros dos algo más adelantados también defendiendo en zona y luego dejar el bloque de jugadores con marcajes al hombre. Igualmente, siempre queda el futbolista descolgado ante un posible inicio en corto. Con esta distribución mixta, el entrenador alemán demuestra que su objetivo en estas situaciones es poblar de una manera perfectamente uniforme los sectores sensibles y sumarle los seguimientos individuales, dejándole muy pocas opciones de sorpresa al oponente.

Imagen 101

Este último ejemplo muestra la misma distribución de una defensa mixta: tres jugadores libres en una primera zona cerca del portero, dos algo más adelantados y el bloque de marcaje al hombre. Como en todas las acciones, queda un hombre en vigilancia del saque en corto.

TUCHEL: PRESENTE Y FUTURO DE LA CAMADA ALEMANA

Es increíble la evolución que ha vivido la escuela alemana en los últimos años a la hora de exportar entrenadores al máximo nivel. Thomas Tuchel es, sin duda, uno de sus referentes más destacados en el panorama internacional en la actualidad junto con Julian Nagelsmann.

Una vez analizada su carrera, su evolución y el engranaje de sus equipos, la trayectoria del bávaro deja una muy buena pregunta para su futuro en los banquillos: a partir de ahora, ¿instaurará el 1-3-4-2-1, el que más ha empleado en el Chelsea, en sus futuros destinos o seguirá adaptándose al ecosistema? Este es un sistema que requiere de posiciones muy específicas y una alta capacidad física que no todas las plantillas disponen, pero, sin duda, es con el que ha cosechado sus éxitos más importantes y el cual le ha dado un sello más reconocible.

Lo que está claro es que Tuchel tiene para muchos años de trayectoria y, después del currículo conseguido, se ha asegurado un puesto en cualquiera de los banquillos más importantes del fútbol internacional. Es presente y futuro de la camada alemana.

TAREAS DE ENTRENAMIENTO

RONDO EN AMPLITUD

OBJETIVOS DE LA TAREA

- Acumular pases.
- Decisiones en superioridad.
- Ocupación racional del espacio.
- Basculaciones en defensa.
- Cambios de orientación.
- Evitar pases interiores.

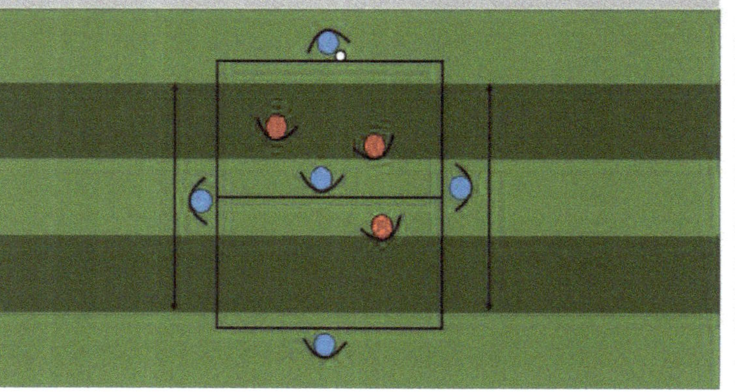

Nº Jugadores	Fase	Tiempo
5 vs. 3	INICIAL	10 MIN

NORMAS

- En un espacio delimitado tal y como está en la representación, más las zonas exteriores (libres), intentamos crear superioridades por afuera.
- Los jugadores que defienden pueden ocupar los dos espacios interiores.
- Para cambiar de una zona a otra, el jugador que está por zona interior debe intervenir.
- Opcional: Limitación de toques, puntos tras un número mínimo de pases conseguidos.

RONDO + FINALIZACIÓN 2vs1

OBJETIVOS DE LA TAREA

- Finalización en superioridad.
- Presión tras pérdida.
- Basculaciones en defensa.
- Acumular pases.

Nº Jugadores	Fase	Tiempo
4 vs. 3	INICIAL	10 MIN

NORMAS

- En un espacio delimitado tal y como está en la representación, hacemos un rondo interior 3vs1.
- Una vez roba azul intenta conectar con los compañeros que esperan fuera.
- En los menos toques posibles azul intenta finalizar en un 2vs1.
- Opcional: Utilizar portería grande con portero, los que se encuentran en el rondo pueden participar en la finalización.

POSESIÓN EN SUPERIORIDAD: 4vs4+4C

OBJETIVOS DE LA TAREA

- Decisiones en superioridad.
- Acumular pases.
- Cerrar espacios interiores.
- Apoyos por afuera.
- Presión tras pérdida
- Cambios de orientación.
- Apoyo de los carrileros.
- Finalización.

Nº Jugadores	Fase	Tiempo
4 vs. 4 + C	PRINCIPAL	15-20 MIN

NORMAS

- En un espacio delimitado tal y como está en la representación, más las zonas exteriores (libres), intentamos crear superioridades buscando los comodines, tanto interiores como exteriores.
- Buscamos un número mínimo de pases para buscar finalización en las porterías pequeñas.
- Opcional: Utilizar dos porterías grandes en vez de porterías pequeñas para trabajar con porteros.

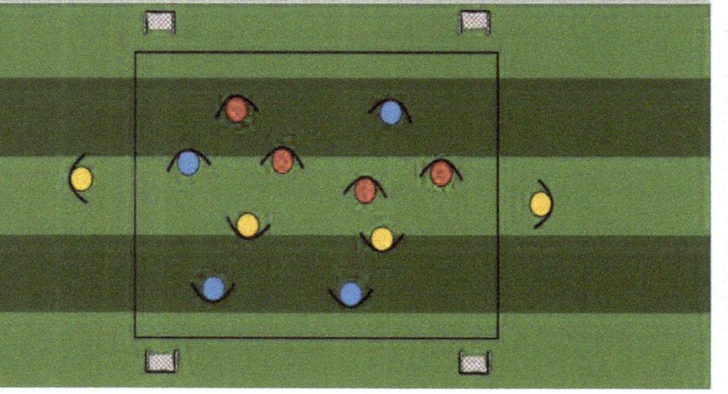

SALIDA DE BALÓN Y PROGRESIÓN: 3 CENTRALES + 2 CARRILEROS

OBJETIVOS DE LA TAREA

- Superioridades por fuera.
- Presión tras pérdida.
- Ocupación racional del espacio.
- Basculaciones en defensa.
- Salida de balón.
- Apoyo de los carrileros.

Nº Jugadores	Fase	Tiempo
8 vs. 8 +2 C	FINAL	15-20 MIN

NORMAS

- En un espacio delimitado en tres partes, más las zonas exteriores (libres) intentamos crear superioridades por fuera buscando los comodines.
- Los jugadores que se encuentran en la parte central no podrán sobrepasar los límite, buscarán superioridad con comodines.
- Se ha de pasar obligatoriamente por las tres zonas para llegar a zona de finalización.

PARTIDO REDUCIDO: 3vs3 + 2C

OBJETIVOS DE LA TAREA

- Superioridades por fuera.
- Basculaciones en defensa.
- Finalización en transición.
- Defender centros exteriores.
- Cambios de orientación.

Nº Jugadores	Fase	Tiempo
3 vs. 3 + 2 C	PRINCIPAL	15 MIN

NORMAS

- En un espacio delimitado tal y como está en la representación, más las zonas exteriores (libres), intentamos crear superioridades por fuera buscando los comodines.
- Deben participar ambos comodines para poder finalizar.
- Opcional: Pases mínimos para poder finalizar buscando solo uno de los dos comodines.

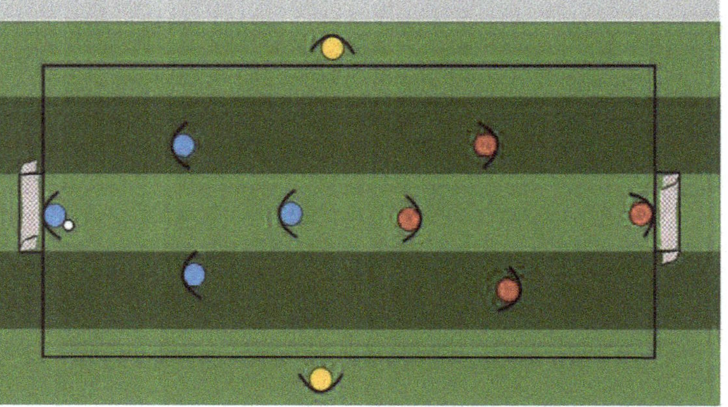

TRANSICIONES: 3vs2/4vs3

OBJETIVOS DE LA TAREA

- Transición ofensiva y defensiva.
- Basculaciones en defensa.
- Finalización en transición.
- Defender centros exteriores.

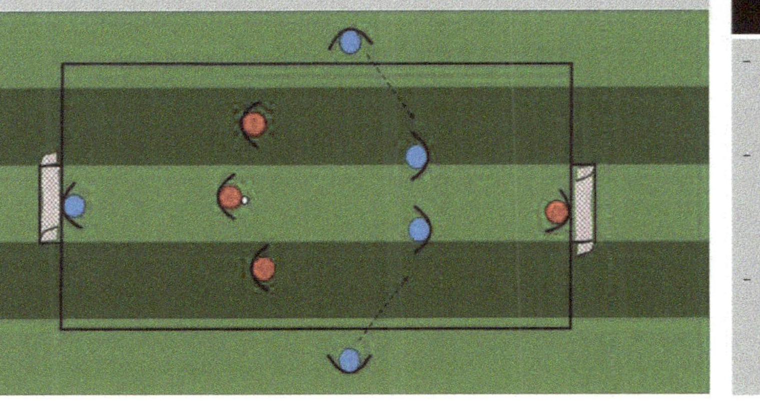

Nº Jugadores	Fase	Tiempo
3 vs. 2 / 4 vs. 3	PRINCIPAL	15 MIN

NORMAS

- En un espacio delimitado tal y como está en la representación, rojos realizan un 3vs2 en la mayor brevedad posible.
- Una vez finalizada la acción, entran los dos jugadores azules y se genera una transición hacia el otro costado con rojos defendiendo en 4vs3.
- Opcional: Se pueden utilizar porterías pequeñas si no disponemos de porteros.

TRANSICIONES: 1vs1

OBJETIVOS DE LA TAREA

- Transición ofensiva y defensiva.
- 1 vs 1.
- Finalización.
- Velocidad de reacción.

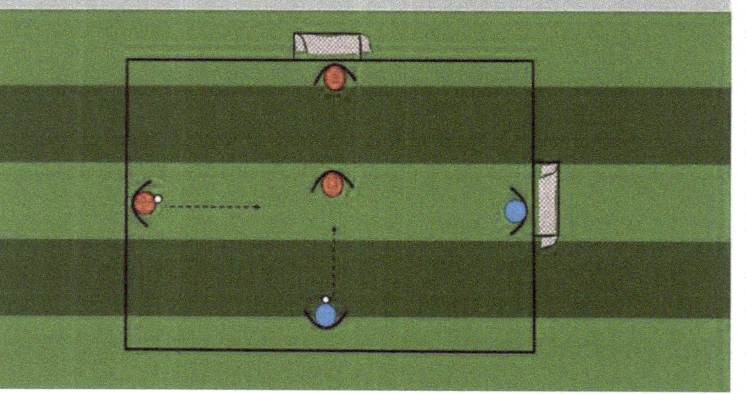

Nº Jugadores	Fase	Tiempo
1 vs. 1	FINAL	10 MIN

NORMAS

- En un espacio delimitado tal y como está en la representación, buscamos finalización más transición defensiva.
- Azul encara en 1vs1 al defensor rojo, en cuanto termina la acción rápidamente se posiciona para defender a rojo en 1vs1 que entra con balón.
- Opcional: Se pueden utilizar porterías pequeñas si no disponemos de porteros.

EJERCICIO PREVIO FINAL CHAMPIONS LEAGUE 1

OBJETIVOS DE LA TAREA

- Superioridades por fuera.
- Basculaciones en defensa.
- Presión tras perdida.
- Ocupación racional del espacio.

Nº Jugadores	Fase	Tiempo
7 vs. 7 + 8 C	PRINCIPAL	30 MIN

NORMAS

- En un espacio delimitado en forma de diamante, más las zonas exteriores, intentamos crear superioridades por fuera buscando los comodines.
- Buscamos acumular pases, con una penalización para el equipo defensor si permite al equipo poseedor de balón llegar a determinados pases seguidos.
- Opcional: Ajustar la zona interior con menos jugadores, comodines con límite de toques.

EJERCICIO PREVIO FINAL CHAMPIONS LEAGUE 2

OBJETIVOS DE LA TAREA

- Superioridades por fuera.
- Finalización.
- Transiciones rápidas.
- Ocupación racional del espacio.

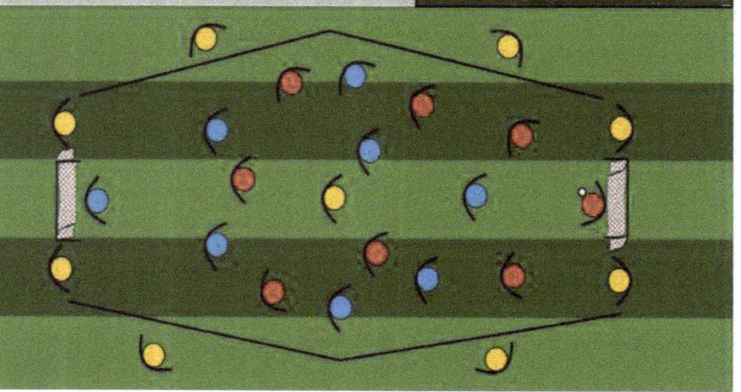

Nº Jugadores	Fase	Tiempo
7 vs. 7 + 9 C	PRINCIPAL	30 MIN

NORMAS

- En un campo reducido tal y como está en la representación, más las zonas exteriores, intentamos crear superioridades por fuera buscando los comodines.
- Se trata de un partido reducido para la circulación rápida e interpretación de los espacios.
- Opcional: Si intervienen los comodines de fondo y la jugada acaba en gol, este vale doble, mínimo de pases para finalizar.

3 CENTRALES EN ZONA DE FINALIZACIÓN

OBJETIVOS DE LA TAREA

- Ajuste defensivo centrales.
- Juego aéreo.
- Incorporación carrileros.
- Centro y finalización.

Nº Jugadores	Fase	Tiempo
4 vs. 3	FINAL	15 MIN

NORMAS

- En un espacio delimitado tal y como está en la representación, buscamos finalización en 4vs3.
- Los centrales no pueden sobrepasar la zona delimitada para interceptar el balón, trabajando los ajustes defensivos.
- Opcional: Número máximo de pases para finalizar, las jugadas solo pueden finalizar con centro e incorporación al remate del carrilero opuesto.

SOBRE EL AUTOR

Carlos Domínguez, nacido en la ciudad de Barcelona (España), es especialista en análisis táctico. Cursó el Experto Universitario en Smart Data aplicado al mundo del fútbol y un Máster centrado en el Scouting (UCAM). También posee una formación en la visualización de datos, dándole una gran importancia a la presentación de informes a cuerpos técnicos y clubes. Actualmente realiza las funciones de analista de rendimiento y scouting en el Juvenil A de la EE Guineueta (Barcelona).